韓国経済がわかる20講【改訂新版】

援助経済・高度成長・
経済危機から
経済大国への歩み

裵 海 善
Haesun Bae

明石書店

はしがき

　韓国は、1945年に日本の植民地支配から解放されてから1948年の政府樹立、1950年からの３年間の朝鮮戦争を経て、対内的には高度成長と政治的民主化を成し遂げ、対外的には急変していく世界経済環境の波の中で、1997年のアジア経済危機と2008年の世界金融危機を乗り越え、自らの経済的地位を確保するとともに、世界10位圏の経済大国として発展してきた。

　本書では、現代韓国の経済成長、経済危機とグローバル化の歩み、その過程で形成された経済構造の実態と特徴をマクロ的アプローチとミクロ的アプローチによって紹介することを試みた。「現代韓国の政治・経済政策の歩み」と「韓国経済の部門別実態・成果・課題」を２本柱にし、７部、20講で構成されている。韓国社会と経済を理解するうえで必要な豆知識は［コラム］として、戦後から現在に至るまでの韓国の政治・経済・社会の主な事件や政策は［年表］としてまとめた。

　近年、韓流ブームと共に日本の大学生の韓国に対する関心も高まっている。韓国の社会と文化に興味と好奇心を持つ大学生が、その実態を把握し理解する際には、韓国の政治と経済への基本知識も求められる。本書は韓国の政治経済に関してほとんど知識がない日本の大学生や一般人が読んでも理解できるように、写真や図表を多く掲載し、経済用語も取り入れ、わかりやすく紹介した韓国経済の入門書である。この本を通して、みなさんの韓国の社会・政治・経済への知識が増え、実態が理解でき、さらに日本との共通点と違いを発見し、日韓経済関係の繋がりと今後の行方を把握する上で少しでもお役に立てることを願っている。

　最後に、本書の刊行にあたって明石書店の神野斉編集部長にお世話になった。心から感謝の意を申し上げる。

2022年8月

裵　海善

韓国経済がわかる20講

援助経済・高度成長・経済危機から経済大国への歩み

【改訂新版】

目　次

第 1 部

韓国の基本情報・現代政治の流れ

韓国の基本情報

1. 韓国の基本情報

1)一般事情

- ・政体：民主共和国（大韓民国、Republic of Korea）
- ・民族：韓民族（単一民族）
- ・人口：5,163万人（世界28位）（2022年、統計庁調査）
- ・首都ソウル人口：951万人（2022年、統計庁調査）

- ・**太極旗**（テグッキ）：国旗の模様は東洋哲学の陰陽原理を象徴している。白地は平和の精神を表し、中央の太極マークの上の赤と下の青は陰陽、火と木、男と女、動と静、融合と調和を象徴する。また、まわりの四卦（サゲ）の左上は天、右下は地、左下は日（火）、右上は月（水）で、対立と均衡を表現している。

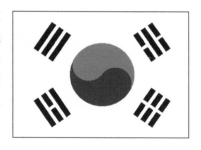

- ・**面積**：韓半島（朝鮮半島）の総面積は223,627km²で、イギリス、ニュージーランドとほぼ同じくらいの広さである。このうち韓国の面積は100,413km²で、朝鮮半島全体の45％、日本の約4分の1である。

- ・**言語**：公用語は韓国語。韓国語の文字を「ハングル」と呼ぶ。「ハン」は「大いなる」、「グル」は「文字」という意味。ハングルは朝鮮王朝の第4代の王である

世宗大王が創製した。世宗大王は、1443年に韓国語の文字体系を完成させ「訓民正音」と命名した。世宗大王は集賢殿（王室の研究機関）の8人の学者の協力を得て、『訓民正音』（解例本）を執筆し1446年に発表した。この本は、1997年10月にユネスコ世界記憶遺産に登録された。

　ハングルは10の基本母音と14の基本子音、またこれから派生した複合母音や子音などを「子音＋母音」、「子音＋母音＋子音」などと組み合わせて表記する。

・**国教**：憲法によって宗教の自由が保証されており、国教は定められていない。仏教、儒教が伝統的宗教として継承され、三国時代以降の政治、経済、社会、文化などに大きな影響を及ぼした。18世紀に入ってきたキリスト教は、20世紀以降次第に勢力を拡大している。韓国人の宗教分布は、仏教16％、キリスト教17％、カトリック教6％、なし60％である（2021年、Gallup研究所調査）。

|||||||||||||||||||||||||||||||||| ［コラム］　ハングルの日とハングル世代 ||||||||||||||||||||||||||||||||||

　韓国政府は独立後、1945年10月9日を「ハングルの日」と定めた。1970年には大統領令により祝日となった。しかし、祝日が多いと国家経済発展に支障を与えるとの理由で1991年ハングルの日は祝日から除かれた。2012年12月にハングルの日は祝日として再指定され、2013年から再び祝日となった。

　一方、1948年大韓民国建国と同時にハングル専用法が制定され（1948年10月9日）、漢字を使わずハングルのみを使用するハングル世代を育成する戦略が取られた。また、1970年に朴正煕大統領は漢字廃止を宣言した（ハングル専用政策）。このとき中高生であった世代は漢字教育を受けていないので、「ハングル世代」と呼ばれる（北朝鮮は、1948年9月9日政府樹立の時から漢字を廃止し、漢字表記は外国語の扱いである）。

◎韓国の韓国語と北朝鮮の朝鮮語は同じ言語であるが、綴字法において、韓国語は1988年改正した「ハングル正書法」、朝鮮語は2010年改正した「朝鮮語規範集」により表記する。

2)歴史概要

・**古朝鮮**(B.C. 2333〜B.C. 108)：伝説によると、神話の中の人物である檀君が B.C.2333に1建国した韓国最初の王国である。

・**三国時代**(B.C. 57〜A.D. 676)と**伽耶**：高句麗(B.C. 37〜A.D. 668)、百済(B.C. 18〜A.D. 660)、新羅(B.C. 57〜A.D. 935)が互いに争っていた時代である。三国の中で、新羅は7世紀中頃に唐と連合して百済と高句麗を破り、三国を統一する。伽耶(42〜562)は洛東江下流域の複数の小国の連盟体である。

・**統一新羅時代**(676〜935年)と**渤海**(698〜926年)：統一後の新羅は文化・芸術の興隆に努め、特に仏教文化はこの時期に黄金期を迎える。渤海は、高句麗の将軍である大祚栄が高句麗の難民たちとともに建国した国で、一時期は、失われた高句麗のかつての領土を取り戻し、中国の北東地域までを占める領土を有した。新羅王国の首都である慶州は1000年古都と言われる。慶州歴史地域は2000年にUNESCOの世界文化遺産に登録された。

・**高麗時代**(918〜1392年)：国教として定められていた仏教は、政治と文化に大きな影響を及ぼした。高麗の都は現在の開城である。

・**朝鮮時代**(1392〜1910年)：高麗の将軍であった李成桂が高麗を倒し、漢城を首都とした(または漢陽と呼ばれた。現在のソウル)。儒教が国の基本理念となる。

・**日帝時代**(1910〜1945年)：1910年に日本により併合され、1945年に日本の降伏により第二次世界大戦が終わるまでの間、韓国は日本の統治を受ける。首都である漢城は京城と呼称された。

・**独立と米ソ軍政期**(1945〜1948年)：1945年8月15日、韓国は日本の植民地支配から解放された。しかし連合軍は日本軍の武装解除のために38度線を境に南韓と北韓に分割する。南北はそれぞれ3年間、アメリカとソ連の臨時的な

軍事統治下に置かれることになる（信託統治）。

・**南北韓政府樹立**(1948年)：1948年8月15日、南側ではアメリカの援助のもとで大韓民国政府が樹立する。1948年9月9日、北側ではソ連の援助のもとで、朝鮮民主主義人民共和国政府（北朝鮮）が樹立された。韓国の首都は、1946年8月から京城府がソウル特別自由市となり（1949年からはソウル特別市）、北朝鮮では平壌（ピョンヤン）が首都となった。

◎北朝鮮は日本での呼称で（日本では、1965年の韓日基本条約第3条に基づき、韓国が朝鮮にある唯一の合法的な政府である）、韓国では一般的に北朝鮮を北韓（プッカン）、北朝鮮では韓国を南韓（ナムハン）と呼称する。

3) 経済基礎データ

・**名目国内総生産**(GDP、2021年)：1兆8,067億ドル、世界10位（IMFデータ）

輸出入額(世界順位、2021年)：輸出額6位、輸入額9位（K-stat世界貿易）

貿易・上位5品目(2020年)（KOSIS貿易統計）

輸出：半導体、自動車、石油製品、船舶海洋構造物及び部品、合成樹脂の順

輸入：半導体、原油、半導体製造用装備、天然ガス、コンピュータの順

・**主な貿易相手国・上位5位**(2021年)（輸出入貿易統計）

輸出額：中国、アメリカ、ベトナム、香港、日本の順

輸入額：中国、アメリカ、日本、オーストラリア、ベトナムの順

・**通貨(KRW)**：ウォン（₩）、1962年通貨改革以来

紙幣は5万、1万、5000、1000ウォンの4種類

硬貨は500、100、50、10ウォンの4種類

◎北朝鮮通貨(KPW)：ウォン（₩）

・**為替レート**(2022年4月TTS基準)

100円≒1,000ウォン　1ドル≒1,200ウォン　1ユーロ≒1,400ウォン

4) 祝日（2022年）

1月1日（土）：新正（シンジョン）

★1月31日（月）〜2月2日（水）：旧正またはソルナル（グジョン）（旧暦1月1日）

3月1日（火）：三一節（サミルジョル）（独立運動記念日）

3月9日（水）：第20代大統領選挙（臨時休日）

5月5日（木）：こどもの日（オリニナル）

★5月8日（日）：釈迦誕生日（プチョニムオシンナル）（旧暦4月8日）（振替休日適用対象外）

6月1日（水）：第8回全国同時地方選挙（臨時休日）

6月6日（月）：顕忠日（ヒョンチュンイル）（忠霊記念日）

8月15日（月）：光復節（グァンボクジョル）（独立記念日）

★9月9日（金）〜9月11日（日）：秋夕（チュソク）（旧暦8月15日）

10月3日（月）：開天節（ゲチョンジョル）（建国記念日）

10月9日（日）：ハングルの日

12月25日（日）：クリスマス（振替休日適用対象外）

◎ソルナル（旧正）、釈迦誕生日、秋夕（チュソク）（日本の旧お盆）は旧暦を適用しているため毎年日付が変わる。

◎振替休日の導入は過去3回制定された。1959年と1989年に制定されたが、両方ともに2年後廃止された。2021年7月「振替休日法」が制定され（2022年1月施行）、祝日の場合、週末以降の最初の平日を振替休日に指定することになった。ただし、釈迦誕生日とクリスマスは、振替休日適用対象外である。

開天節（建国記念日）
（ゲチョンジョル）

　B.C. 2333、檀君が韓国最初の王国である古朝鮮を建国したことを記念するため、1919年、大韓民国臨時政府は旧暦10月3日を祝日に定めた。韓国政府樹立後、当時の旧暦を現代の日付に換算することが不可能であるという理由で、1949年に文教部の方針により太陽暦に変わった。

新正とソルナル（または旧正）
（シンジョン）　　　　　　　（グジョン）

　韓国の伝統祭日であるソルナル（旧正）を祝日とするのは政府政策とともに変化してきた。朝鮮に太陽暦が導入されたのは乙未改革期（1895〜1896年に行われた急進的な近代化改革）であった。日帝時代には太陽暦のソルナルを「新正」、太陰暦のソルナルを「旧正」とし、両方ともに過ごすのは「二重過歳」とし、太陽暦によるソルナルを公式的に認めた。

　韓国政府樹立後も政府は太陽暦を認め、新正の3日間を祝日として指定した。しかし、大部分の家庭では旧正の伝統を維持してきたので、旧正も祝日として指定すべきだとの意見が多かった。政府は1985年から旧正月を「民俗の日」として定め、1日を祝日として指定した。その後も、民族固有のソルナルを復活すべきだとの世論が高まり、盧泰愚政府は1989年2月、ソルナル（旧正）の名称を復活させ、3日間を祝日とした。現在、新正は1日が祝日、ソルナルは3日間が祝日となっている。

|||||||||||||||||||||||||||||||||||||||||||||||||||||||||||||||||||||||||||||||||||||||||||||||||||||||||||||||||||||||||||||||||||

2. 韓国の中央行政組織図（2022年7月）

18部・5処・18庁・2院・4室・7委員会

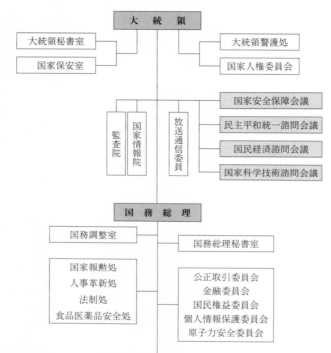

企画財政部－国税庁・関税庁・調達庁・統計庁	農林畜産食品部－農村振興庁・山林庁
教育部	産業通商部－特許庁
外交部	保健福祉部－疾病管理庁
科学技術情報通信部	環境部－気象庁
統一部	雇用労働部
法務部－検察庁	女性家族部
国防部－兵務庁・防衛事業庁	国土交通部－行政中心複合都市建設庁 セマングム開発庁
行政安全部－警察庁・消防庁	海洋水産部－海洋警察庁
文化体育観光部－文化財庁	中小ベンチャー－企業部

出典：https://www.gov.kr「政府24」

行政区域と人口

1. 行政区域

1）地方自治制度と全国同時地方選挙

　地方自治法は1949年7月4日に制定・公布、朝鮮戦争中である1952年5月に地方議会の議員選挙が初めて実施され、地方自治制度が始まった。しかし、1961年5・16軍事クーデターで政権を掌握した朴正煕は、全国の地方議会を強制解散し、軍人を地方自治団体長に任命した。

　1987年の民主化運動とともに、地方自治制の再実施に対する熱気も高まった。1987年10月憲法改正、1988年に地方自治法の全面改正により、1991年に広域市議会および基礎自治団体議会の議員選挙が30年ぶりに実施された。

　1995年6月には、地方自治団体長（広域、基礎）と地方議会議員（広域、基礎）を同時に直接選挙で選出する第1回全国同時地方選挙が実施され、完全な地方自治時代が再び幕を開けることになった。2022年6月1日には、第8回全国同時地方選挙が実施された（満18歳以上の韓国国民は選挙権と被選挙権がある）。

　地方選挙では、17の広域自治団体の団体長（ソウル特別市長、広域市長、特別自治市長、道知事、特別自治道知事）と教育委員会教育長、市郡区庁長、広域市議会及び基礎団体議会の議員など、約4,000人の当選者（任期4年）が選出される。

2）広域地方自治団体

　地方自治法により、地方自治団体は広域自治団体と基礎自治団体に分けられる。広域自治団体は、基礎自治団体では処理できない事務や複数の基礎自治団

体にわたる広域事務を処理する大規模自治団体で、全国に17（1特別市、6広域市、1特別自治市、8道、1特別自治道）ある。

　韓国政府が樹立された当初は、広域自治団体はソウル特別市と9道の10か所であったが、1963年に釜山が直轄市に昇格、1981年に大邱市と仁川市、1986年に光州市、そして1989年には大田市がそれぞれ直轄市に昇格された。

　1994年12月の地方自治法改正に基づき、1995年1月から直轄市の名称は「広域市」に改められた。その後、1997年に蔚山市が広域市に昇格し、2006年に済州道が特別自治道に移行、2012年には世宗特別自治市が発足された。

特別市（1）・広域市（6）・特別自治市（1）

ソウル Seoul 特別市	蔚山 Ulsan 広域市
仁川 Incheon 広域市	釜山 Busan 広域市
大田 Daejeon 広域市	光州 Gwangju 広域市
大邱 Daegu 広域市	世宗 Sejong 特別自治市（2012年）

道　（8）・特別自治道（1）

京畿 Gyeonggi 道	江原 Gangwon 道
忠清 Chungcheong 北道	忠清 Chungcheong 南道
全羅 Jeolla 北道	全羅 Jeolla 南道
慶尚 Gyeongsang 北道	慶尚 Gyeongsang 南道
済州 Jeju 特別自治道（2006年）	

図表1 ●基礎自治団体

広域自治団体（17）	基礎自治団体（226）	自治区・行政区・行政市
特別市（ソウル）	自治区	・自治区：地方自治体である区 ・行政区：自治体ではない行政区は人口50万人以上の市（基礎自治団体）に置く ・行政市：地方自治体ではない市。2006年7月1日、済州島に特別自治道制度が導入され、済州市と西帰浦市の2つの行政都市が設立された
広域市（6）	自治区、郡 （大田と光州にはない）	
特別自治市（世宗）	―	
道（8）	自治市、郡	
特別自治道（済州）	―	

3）基礎自治団体

　広域自治団体は下に「市・区・郡」の基礎自治団体を置くことができ、自治区の下には洞が、郡の下には邑・面・里が置かれている。基礎自治団体は2020年現在、全国で226（75自治市、82自治郡、69自治区）がある。

　ただし、大田広域市と光州広域市には自治郡がない。また、世宗特別自治市の場合、特例が適用される制限人口50万人以上になっていないので、一般区がない。また、済州特別自治道は、自治権を拡大させた特殊な位置付けとなっており、道が基礎自治団体となっている。

||||||||||||||||||　［コラム］　道路名住所へ移行（2014年1月1日実施）　||||||||||||||||||

　2014年から法定住所が従来の地番に基づいた住所から、道路名と建物番号を基準とする「道路名住所」へと変わった。これまで韓国の住所に使われていた地番は、日本植民地時代に実施された土地調査事業で付与されたもので、当初は地番と建物が1：1で一致していた。その後約100年間、韓国では都市化が急速に進むなかで、その規則性が崩れることが増えてきた。

　新住所制度により、道路名と建物番号によって住所を表示することで現在地や目的地をすぐに探し出せるようになった。

　（例）在韓国日本大使館の住所

　旧住所：ソウル特別市鍾路区中学洞18-11

　新住所：ソウル特別市鍾路区栗谷路2

図表2●韓国の行政区域地図

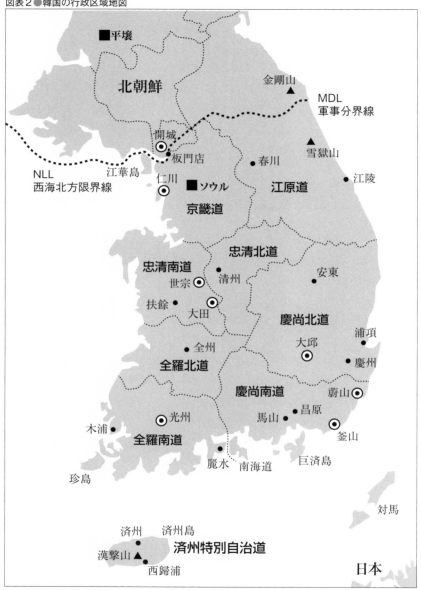

注：MDL（Military Demarcation Line、軍事分界線）は、朝鮮戦争後1953年7月27日の休戦協定による休戦
　　ラインで、韓国と北朝鮮を分割する陸上における境界線。NLL（Northern Limit Line, 西海北方限界線）
　　は、朝鮮戦争後1953年8月30日、国連軍総司令部側が西海上に定めた軍事分界線。

2. 広域地方自治団体の人口

　韓国の総人口は1960年2,501万人、1970年3,224万人、2000年には4,700万人へと増加し、2012年には5,020万人で、初めて5,000万人を超えた。少子化の進展とともに人口成長率は低下し、人口は2020年5,184万人を頂点として減少し、2050年には4,736万人、2070年には3,765万人になると見込まれる（統計庁『将来人口推計2020～2050年』2022年）。

　2022年の広域地方自治団体別人口をみると〈図表3〉、首都ソウルが951万人、第2大都市である釜山は335万人である。ソウル、仁川（インチョン）、京畿（ギョンギ）道を含めた首都

図表3●行政区域別、国土面積（2021年）と人口（2022年）（単位：人、%）

		面積（km²）	%	人口（人）	%
	全国計	100,431.8	100.0	51,625,561	100.0
特別市1	ソウル Seoul 特別市	605.2	0.6	9,508,451	18.4
広域市6	釜山 Busan 広域市	770.2	0.8	3,347,396	6.5
	大邱 Daegu 広域市	883.7	0.9	2,381,095	4.6
	仁川 Incheon 広域市	1,066.5	1.1	2,950,978	5.7
	光州 Gwangju 広域市	501.1	0.5	1,440,032	2.8
	大田 Daejeon 広域市	539.5	0.5	1,450,862	2.8
	蔚山 Ulsan 広域市	1,062.3	1.1	1,119,446	2.2
特別自治市1	世宗 Sejong 特別自治市	464.9	0.5	376,399	0.7
道8	京畿道 Gyeonggi-do	10,196.7	10.2	13,574,369	26.3
	江原道 Gangwon-do	16,829.7	16.8	1,539,051	3.0
	忠清北道 Chungcheongbuk-do	7,407.0	7.4	1,597,022	3.1
	忠清南道 Chungcheongnam-do	8,247.0	8.2	2,118,912	4.1
	全羅北道 Jeollabuk-do	8,072.1	8.0	1,783,923	3.5
	全羅南道 Jeollanam-do	12,358.9	12.3	1,831,451	3.5
	慶尚北道 Gyeongsangbuk-do	19,034.8	19.0	2,622,026	5.1
	慶尚南道 Gyeongsangnam-do	10,541.9	10.5	3,307,005	6.4
特別自治道1	済州 Jeju 特別自治道	1,850.3	0.6	677,143	1.3
	首都圏（ソウル、仁川、京畿）	100,431.8	11.8	26,033,798	50.4

出典：国土交通部『地籍統計年報』2021年、行政安全部『住民登録人口現況』2022年2月により筆者作成

圏の人口は2,603万人である。つまり、国土面積の0.6％である首都ソウルに韓国人口の18.4％が住んでおり、面積の11.8％を占めるソウル、仁川、京畿等の首都圏には韓国人口の50.4％が生活している。

‖‖‖‖‖‖‖‖‖‖‖‖‖‖‖‖‖‖‖‖‖‖‖‖‖‖‖‖‖ ［コラム］ ソウルの人口 ‖‖‖‖‖‖‖‖‖‖‖‖‖‖‖‖‖‖‖‖‖‖‖‖‖‖‖

　　　1948年　170万人
　　　1954年　124万人（1950年6月～1953年7月の朝鮮戦争により減少）
　　　1959年　200万人
　　　1970年　500万人
　　　1988年　1,000万人突破
　　　2010年　1,031万人でピーク（2016年から1,000万人を下回る）
　　　2022年　951万人（2050年推計値　792万人）

‖‖‖

現代政治——憲法改正と民主化の歩み

1. 憲法改正と大統領選挙

　韓国の国家体制を定める憲法は政府樹立直前の1948年7月12日制定（同年7月17日公布）されてから、今まで9回の改憲が行われた。9回の改憲の中で、大統領が主導した改憲は6回、国会が主導した改憲は3回である。特に、大統領が主導した6回の改憲（うち、4回は長期執権のため、2回はクーデター後の政権のため）は、韓国憲政の歴史的な一区切りとされ、第1共和国～第6共和国のように呼称されている〈図表1〉。

2. 第1・第2共和国

1）第1共和国と李承晩

　李承晩（イ・スンマン）はアメリカのプリンストン大学で博士号を取得した後、朝鮮の独立運動に携わり、1919年4月に中国上海で樹立された大韓民国臨時政府の初代大総理に就任する。1945年、第二次世界大戦の終結を機に帰国し、1948年7月20日の第1代大統領選挙（間接選挙）で初代大統領に選出される。同年8月15日、韓国政府の樹立を知ら

写真●大韓民国政府樹立慶祝式

出典：Presidential Archives of Korea

せる公式宣言が発表され、上海臨時政府は解散された。

　一方、1946年2月、北韓^{ブッカン}では金日成^{キムイルソン}を中心とした北朝鮮人民委員会が組織され、1948年9月9日に朝鮮民主主義人民共和国が樹立される。

図表1 ●第1～5共和国の大統領

順番	大統領	代	任期	政党	特徴
・1947年7月17日・憲法公布：初代大統領選挙、間接選挙（国会選出）・任期4年・連任制（4年・2期制）・国会1院制 ・1952年7月7日・第1次改憲：直接選挙・任期5年・単任制（5年・1期制）・国会2院制 ・1954年11月29日・第2次改憲（四捨五入改憲）：直接選挙・任期5年・単任制（5年・1期制、但し初代大統領は連任可能）→「四捨五入」の論理を援用し改憲案を可決させる→李承晩政権は長期執権を図る					
1	李承晩 イ・スンマン 出身地： 黄海道	（1948年8月15日政府樹立～1960年4·19革命まで） 第1共和国				
		1	1948年7月 ～1952年8月	自由党	★1代：間接選挙（国会選出） ★2代：直接選挙 ・1954年11月29日、四捨五入改憲可決→3回目当選 ★3代：直接選挙 ・1960年3月15日の不正選挙の抗議デモ（4・19革命）で失脚しハワイへ亡命
		2	1952年8月 ～1956年8月		
		3	1956年8月 ～1960年4月		
・李承晩失脚から新政府発足まで、国務総理であった許政^{ホジョン}が大統領職務代行（1960年8月まで） ・1960年6月15日・第3次改憲（第2共和国改憲）：間接選挙（議院内閣制）・国会2院制・憲法裁判所設置 ・1960年11月29日・第4次改憲：1960年3月15日選挙の不正選挙関連者を処罰するための改憲					
2	尹潽善 ユン・ボソン 出身地： 忠清南道	（1960年6月～1961年5・16軍事クーデターまで） 第2共和国				
		4	1960年8月 ～1962年3月	民主党	★4代：間接選挙（国会選出） ・政治的な実権は国務総理の張勉が握る ・1961年5・16軍事クーデターを起こした国家再建最高会議議長の朴正熙が政権掌握
・1962年3月～1963年12月：朴正熙が大統領権限代行 ・1962年12月26日・第5次改憲（第3共和国改憲）：直接選挙・任期4年・連任制（4年・2期制）・国会1院制・憲法裁判所廃止 ・1969年10月21日・第6次改憲（3選改憲）：連任3回まで可能（4年・3期制） ・1972年12月27日・第7次改憲（維新改憲・第4共和国憲法）：統一主体国民会議による選出・任期6年・連任制限なし（6年・無期制）・国会の権限縮小					

3	朴正熙 パク・チョンヒ 出身地： 慶尚北道	第3共和国（1963年12月～1972年12月まで）			
		5	1963年12月 ～1967年7月	民主共和党	★5代：直接選挙 ・1965年6月22日、韓日基本条約に署名
		6	1967年7月 ～1971年7月		★6代：直接選挙 ・1969年10月、3選改憲
		7	1971年7月 ～1972年12月		★7代：直接選挙 ・1972年10月、維新憲法
		第4共和国（1972年12月～1979年10・26事件まで）			
		8	1972年12月 ～1978年12月	民主共和党	★8代：間接選挙（統一主体国民会議選出） ・1973年8月、KCIAの金大中拉致事件
		9	1978年12月 ～1979年10月		★9代：間接選挙（統一主体国民会議選出） ・1979年10月、側近に暗殺される（10・26事件）

・1979年10月26日～1979年12月6日、崔圭夏国務総理が大統領職務代行
・1979年12月12日、全斗煥・盧泰愚らの新軍部が軍の実権を掌握（12・12粛軍クーデター）

4	崔圭夏 チェ・ギュハ 出身地： 江原道	10	1979年12月 ～1980年8月	無所属	★10代：間接選挙（統一主体国民会議選出） ・12・12粛軍クーデターを起こした全斗煥らの新軍部に政権が掌握され辞任

・1980年5月18日～5月27日、光州での民主化運動を全斗煥などの新軍部は流血鎮圧（5・18光州民主化運動）
・1980年10月27日・第8次改憲（第5共和国改憲）：間接選挙・任期7年・単任制（7年1期制）

5	全斗煥 チョン・ドゥファン 出身地： 慶尚南道	11	1980年9月 ～1981年2月	民主正義党	★11代：間接選挙（統一主体国民会議選出） ・第5共和国憲法制定
		第5共和国			
		12	1981年2月 ～1988年2月	民主正義党	★12代：間接選挙（大統領選挙人団選出） ・12・12粛軍クーデターや光州事件等により、1995年拘束・死刑判決、1997年12月特別赦免

・1987年6月29日（6・29民主化宣言）：大統領直接選挙制度を求めるデモが全国に広がり（6月民主抗争）、盧泰愚大統領候補は大統領直接選挙改憲を宣言
・1987年10月29日・第9次改憲（第6共和国改憲）：直接選挙・任期5年・単任制（5年・1期制）・国会の国政監査権・憲法裁判所再設置

出典：https://www.president.go.kr（青瓦台HP）、https://www.archives.go.kr（行政安全部国家記録院HP）により筆者作成

李承晩政府は1950年に勃発した朝鮮戦争を契機に強硬な反共政策をとったため、分断体制が固定されたことに加え、政権の非民主的・権威主義的な性格も明らかになった。1954年11月29日、初代大統領の場合は連任可能にすることを主な内容とした第2次憲法改正案が成立要件に必要な3分の2である136名に1票足りず否決された。ところが、与党自由党は数学上の「四捨五入」の論理を援用し改憲案を可決させた（四捨五入改憲）。

　1956年5月15日の大統領選挙で李承晩は3度目の当選を果たす。しかし、1960年3月15日の選挙では4度目の当選を果たすため、大掛かりな不正が横行した。不正選挙に憤慨した学生・市民を中心に選挙の無効を主張する学生運動が全国に広がった（1960年4・19革命）。度重なる憲法改正・不正選挙、政権党である自由党の不正腐敗、企業との癒着、アメリカの援助に依存した経済体質も問題となった。

写真● 1960年4・19革命

　李承晩大統領は「国民が望むなら大統領職を辞任する」と宣言し、ハワイに亡命し、そこで亡くなる。李承晩大統領の在任期間は1948年から1960年まで、12年間の長期執権であった。

出典：mirror.enha.kr、4・19革命

2）第2共和国と5・16軍事クーデター

　尹潽善は、1945年独立後、初代ソウル市長（1948年12月15日〜1949年6月5日）として政界入りする。1960年4・19革命で李承晩が失脚・亡命すると、1960年6月の第3次改憲により選挙法が作られ、1960年8月、国会議員による間接選挙により、第4代大統領として選出された。

　しかし、憲法改正により議院内閣制に移行したため、政治的な実権は国務総理の張勉が握っていた。張勉首相との確執が絶えず、これは1961年5・16軍事クーデターが成功する遠因を作った。自由党政権を引き継いだ民主党政権の政治的無策と党内分裂、経済状況悪化に対する国民の不安の高まりなどを背景に、1961年5月16日、朴正熙少将を最高指揮官とする革命軍は「軍事クーデター」

を起こした。反共親米、腐敗と旧悪の一掃、経済再建などが決起の理由とされた。政権を掌握した朴正熙は1963年12月まで大統領権限代行を務めた。

3. 第3・第4共和国と朴正熙

　1962年12月に第5次改憲（第3共和国改憲）が行われ、直接選挙・任期4年・連任制（2期まで）の選挙制度が作られた。朴正熙（バクチョンヒ）は、1963年直接選挙により第5代大統領に選出される。引き続き、1967年4月の直接選挙により第6代大統領に選出される。その任期が満了する1971年4月末には、大統領の座から退くことが確実となっていたが、引き続き大統領の職を維持したい朴正熙大統領は、1969年、第6次憲法改正により、2期制限規定を改正し、3期連任を可能にした（呼称、3選改憲）。

　1971年選挙で金大中（キム デ ジュン）をわずかな差で抑えて3期目の大統領になった朴正熙は、1972年10月17日、「大統領特別宣言」を発表し、国会解散、政党及び政治活動の中止など憲法の一部機能を停止させ、全国に非常戒厳令を宣布し、同年12月に第7次改憲を成立させた（呼称、維新憲法）。改憲により、大統領の任期を6年とし、回数を制限なしにする一方、大統領選出方式も国民の直接選挙から統一主体国民会議（維新憲法で作られた大統領を選出するための機関で、朴正熙死去後1980年10月廃止）による間接選挙制に変え、長期執権の永久化をはかる。

　朴正熙は、1972年に第8代大統領に（4期目）選出されたが、民主運動家である金大中（キム デ ジュン）に危機感を感じ、1973年8月8日「金大中拉致事件」など、反政府運動を弾圧する。なお1974年8月15日、光復節の祝賀行事式場で大統領狙撃未遂事件が起きるが、このとき、陸英修（ユクヨンス）大統領夫人が頭部を撃たれて死亡する（文世光（ムンセグァン）事件）。

　1978年12月、朴正熙は第9代大統領（5期目）に選出される。しかし、1979年10月16日、釜山市（プ サン）と隣接する馬山市（マ サン）で学生・市民が反独裁・民主化を求める大規模デモ（釜馬（プ マ）民主抗争）が発生するが、それが導火線となって1979年10月26日、朴正熙大統領は側近のKCIA（韓国中央情報部）部長・金載圭（キムジェギュ）によって射殺された（10・26事件）。

　朴正熙大統領は第5〜9代大統領（1963〜1979年）として、16年間に及ぶ独裁

統治を行った。朴正煕政権への評価は、韓国の工業化の基盤づくりをした功績で経済面では高く評価されるが、政治面では労働運動弾圧、野党弾圧、軍事独裁政権で民主化を抑圧した強権政治であったと、評価が分かれている。

4. 第5共和国と全斗煥

1）5・18光州民主化運動

　朴正煕大統領が暗殺されると、国務総理であった崔圭夏が1979年12月6日まで大統領職務を代行し、同年12月、統一主体国民会議で第10代大統領に選出された。崔圭夏政府がスタートしてから6日後の1979年12月12日、保安司令官全斗煥陸軍少将が、軍の実権を掌握した（12・12粛軍クーデター）。

　全斗煥は1980年5月17日、全国に戒厳令を布告し、野党指導者である金泳三と金大中、旧軍部を代弁する金鍾泌を逮捕・軟禁した（5・17非常戒厳令拡大措置）。

　金大中は全羅南道出身で、光州では人気があり、彼の逮捕に反発して光州で民主化デモが広がったが、これを全斗煥は武力で流血鎮圧した（5・18光州民主化運動記録物は2011年ユネスコ世界記憶遺産に登録された）。

写真● 5・18光州民主化運動（光州事件）

出典：blog.daum.net、5・18

■光州民主化運動をテーマとした映画として「光州5・18」（2007年）、「タクシー運転手～約束は海を越えて」（2017年）を推薦する。

2）第5共和国と全斗煥

　政治の実権を全斗煥が掌握し、崔圭夏は1980年8月16日大統領職を辞任した。1980年8月の統一主体国民会議で、全斗煥が第11代大統領に選出された。全斗煥大統領は、1980年10月、大統領任期7年・単任制（1期）・間接選挙を柱とする第8次憲法改正案を公布し（第5共和国憲法）、1981年2月、大統領選挙

人団投票により第12代大統領に再び選出された。

　政権を握った全斗煥大統領は正統性欠如を補うため、あらゆる宥和政策を実行した。1982年1月1日、中高生の制服や髪型の自由化を発表し、1982年1月5日には夜間通行禁止令を軍事分界線（MDL）に接する地域と海岸地域の一部を除き解除した。「通禁」（夜10時から朝4時までの通行禁止）は治安と秩序維持の名目で1945年9月7日から始まり（1954年4月からは全国に拡大）、36年4か月も実施されたことになる。通禁が全国で全面解除されたのは全斗煥政権末期の1988年1月1日である。

　全斗煥大統領は1984年9月6日、戦後の韓国元首として日本を初めて公式訪問して首脳会談を行い、日米との連携を強め経済を活性化させた。一方、北朝鮮との関係は緊迫度を増し、1983年10月9日ラングーン爆弾テロ事件（北朝鮮工作員がビルマを訪問中であった全斗煥大統領一行の暗殺を狙った事件）が発生し、また1987年11月29日にはソウル・オリンピックの韓国単独開催と参加申請妨害のための大韓航空機爆破事件（実行犯は北朝鮮工作員の金賢姫^{キムヒョンヒ}）が起きた。

　全斗煥大統領は独裁者、虐殺者、在任中の汚職など否定的なイメージで見られることが多いが、その反面、経済発展や88オリンピック誘致・スポーツ振興などの功績を評価すべきだという擁護論もある。任期末には、民主化を求める大規模デモが全国に広がり、大統領直選制改憲を受容した。

3）1987年6月民主抗争と6・29民主化宣言

　1987年4月13日、全斗煥大統領は大統領直選制のための改憲論議を中止し、次期大統領を第5共和国憲法に基づき間接選挙により選出するという内容の特別宣言をした（4・13護憲措置）。一方、同年5月18日、天主教の正義具現全国司祭団の公式声明により、ソウル大学の学生・朴鍾哲^{パクジョンチョル}氏が治安本部（警察組織）に連行され、取り調べ中に拷問により死亡したこと、これを政府は徹底的に隠蔽しようとしたという事実が明らかになった。

　国民の怒りは急速に広がり、全斗煥政権に対抗するために政界や宗教界、学生たちを中心に、5月27日結成された国民運動本部が主導するデモが全国各地で行われた（6月民主抗争）。6月29日、次期大統領選の与党の候補であった盧

泰愚は、大統領直選制改憲を受け入れるという特別宣言を発表した（1987年6・29民主化宣言）。引き続き、1987年10月29日、第9次改憲案が公布された。🎬1987年6月民主抗争をテーマとした映画として「1987、ある闘いの真実」（2018年）を推薦する。

|||||||| ［コラム］　朝鮮戦争（韓国での呼称：韓国戦争または6・25戦争）　||||||||
（1950年6月25日〜1953年7月27日）

　1950年6月25日の午前4時、北朝鮮の約10万の兵力が宣戦布告なしで38度線を越えて韓国を侵攻した。北朝鮮軍は戦争が起きて3日後の6月28日、ソウルを陥落させ、2か月後の8月30日には洛東江まで進出する。

　9月15日、マッカーサーが率いる国連軍（世界16か国からの軍事的支援）は仁川上陸作戦を実施し戦局は一変した。9月28日に国連軍がソウルを奪還し、10月1日、韓国軍は「祖国統一の好機」と踏んだ李承晩大統領の命を受け、単独で38度線を突破した（韓国ではこの日を記念して10月1日を「国軍の日」として定めた）。10月9日にアメリカ軍を中心とした国連軍も38度線を越えて進撃する。韓国軍は一時、中朝国境の鴨緑江に達し、「統一間近」とまで騒がれた。

　しかし、中国人民解放軍が10月25日戦争に参加し、国連軍に対して攻勢をかけ南下を続けた。中朝軍は12月5日に平壌を奪回（12月24日、北朝鮮の興南港から国連軍と北朝鮮の民間人が撤退）、1951年1月4日にはソウルを再度奪回した（国連軍1・4後退）。それに対し、アメリカやイギリス製の最新兵器の調達が進んだ国連軍は、ようやく態勢を立て直して反撃を開始し、3月15日にはソウルを再奪回したものの、戦況は38度線付近で膠着状態となる。

　1951年6月23日にソ連のヤコフ・マリク国連大使が休戦協定の締結を提案したことによって停戦が模索され、1951年7月10日から北朝鮮の開城において休戦会談が断続的に繰り返されたが、双方が少しでも有利な条件での停戦を要求したため交渉は難航した。

　1953年に入ると、アメリカでは1月20日にアイゼンハワー大統領が就任、ソ連では3月5日にスターリンが死去し、両陣営の指導者が交代して状

況が変化した。1951年7月の停戦会談開始後からの2年間、159回の本会談と765回の各種会談を経て、1953年7月27日に、38度線近辺の板門店で北朝鮮軍、中国軍、国連軍の間で「停戦協定」が結ばれた。

　約3年間の戦争で、南と北は38度線を3回越え、朝鮮半島の80%に及ぶところで戦闘が繰り広げられた。戦争は朝鮮半島を荒廃させただけでなく、南北間の敵対感情を高め、統一をよりいっそう難しいものにした。社会・経済的な面では、韓国側の被害は一般工業施設の40%、住宅の16%が破壊されたと言われる。

🎬朝鮮戦争をテーマとした映画「ブラザーフッド」（2004年）を推薦する。

現代政治──第6共和国の大統領

1. 第6共和国の大統領

　1987年6・29民主化宣言後、同年10月29日、第9次改憲案が公布され（憲政史上初めて与野間合意に基づき、国会議決と国民投票までを経て確定された改憲）、今日まで続いている。第9次改憲（第6共和国改憲）では、大統領直接選挙と連任禁止（任期5年・1期制）など、大統領の権限に対する制限を数多く設けており、国会の国政監査権の復活による国会の権限拡大、憲法裁判所再設置などが含まれた。

図表1 ●第6共和国の大統領

人	大統領		代	任期(5年)	政党	特徴
6		盧泰愚 ノ・テウ 出身地： 慶尚北道	13	1988年2月 〜 1993年2月	民主 正義党	・1991年、国連南北同時加入 ・共産圏国との関係改善 ・12・12軍事クーデターや5・18光州事件等により、1995年実刑が確定、服役中1997年12月特別赦免
7		金泳三 キム・ヨンサム 出身地： 慶尚南道	14	1993年2月 〜 1998年2月	民主 正義党	・1993年8月、金融実名制実施 ・1996年12月、OECD加入 ・1997年12月、IMF経済危機
8		金大中 キム・デジュン 出身地： 全羅南道	15	1998年2月 〜 2003年2月	国民 会議	・1998年10月、韓日共同宣言、日本文化開放 ・2000年6月、北朝鮮の金正日国防委員長との南北首脳会談 ・2000年12月、太陽政策や民主化への貢献で、ノーベル平和賞受賞

9		盧武鉉 ノ・ムヒョン 出身地： 慶尚南道	16	2003年2月 〜2008年2月	新千年 民主党	・2004年3月、国会の弾劾 訴追により大統領権限停 止、棄却により職務復帰 ・2007年10月、北朝鮮の金 正日国防委員長と南北首 脳会談 ・退任後の2009年、側近の 贈賄容疑で捜査中に自殺
10		李明博 イ・ミョンバク 出身地： 慶尚北道 （大阪府出生）	17	2008年2月 〜2013年2月	ハン ナラ党	・大企業社長出身の大統領 ・ソウル市長在任中の2005 年に清渓川を復元 ・退任後の2018年、在任中 の収賄罪等で懲役17年の 実刑確定・服役中
11		朴槿恵 パク・クンヘ 出身地： 慶尚北道	18	2013年2月 〜2017年3月	セヌリ 党	・韓国史上初の女性大統領、 親子2代の大統領 ・2017年3月弾劾で罷免 ・収賄や職権濫用罪などで懲 役20年の実刑確定、2021 年12月特別赦免
12		文在寅 ムン・ジェイン 出身地： 慶尚南道	19	2017年5月 〜2022年5月	共に 民主党	・盧武鉉大統領の側近とし て活躍 ・北朝鮮の金正恩国務委員 長と2018年4月第1次、 2018年5月第2次、2018年 9月第3次南北首脳会談 ・2019年6月板門店で米朝 韓3者会談
13		尹錫悦 ユン・ソクヨル 出身地： ソウル	20	2022年5月 〜2027年5月	国民 の力	・検事総長出身 ・1987年大統領直接選挙制 改憲後、政治経験がない 初めての大統領 ・1987年の民主化以降の大 統領選で、最も僅差（0.7 ポイント）で勝利

出典：https://www.president.go.kr（青瓦台HP）、https://www.archives.go.kr（行政安全部国家記録院HP）
により筆者作成

1）第13代・盧泰愚政府（1988年2月〜1993年2月）

　与党の大統領候補であった盧泰愚は、国民の民主化要求の声に押され、1987年6月29日、大統領直接選挙を含む「6・29民主化宣言」を行い、1987年12月16日、16年ぶり（1971年の第7代大統領選挙以来）に行われた大統領直接選挙で、第13代大統領に選ばれた。

　盧泰愚政府時代には経済、外交面で大きな変化があった。盧泰愚大統領の任

期が始まった1988年は「3低好況」のピークであった。1988年開催された第24回夏季ソウル・オリンピック大会（1988年9月17日〜10月2日）には、160か国が参加し、12年ぶりに東西陣営すべての国々が参加した大会であった。韓国はメダル獲得数で第4位とスポーツ強国として浮上した。

　1988年には最低賃金制度導入、国民年金制度施行（10人以上事業場加入者対象。全国民対象は1999年から）、1989年には全国民医療保険制度（1977年に500人以上事業場を対象にスタート）が実施された。また、1985年のプラザ合意以後は、これまでの経常収支の赤字状況が黒字に転じたことから1989年には国民の海外旅行が完全自由化された（自由化前には、1983年1月1日から、50歳以上の国民に限って200万ウォンを1年間預ける条件で、年1回有効パスポート発行が許可された）。

　外交面では共産圏との関係改善に乗り出し（北方政策）、1990年10月1日にソビエト連邦との修好条約締結により国交を正常化（ソ連とは1905年から断絶されたが85年ぶりに再び正常化）、1992年8月25日には中国と修好条約を締結し、国交を樹立した（「一つの中国論」に従ってそれまで友好関係にあった台湾（中華民国）とは国交断絶）。一方、南北関係も大幅に改善され、1991年9月17日には北朝鮮との国連同時加盟を実現させた。

　1993年の盧泰愚大統領の退任により、1961年朴正熙の5・16軍部クーデターで始まり、1980年の全斗煥の軍事クーデターを経て、32年間続いた軍事政権は幕を下ろした。退任後の1995年に政治資金隠匿が発覚、さらに1979年の12・12新軍部クーデターや1980年5・18光州民主化の流血鎮圧も追及され、1995年実刑が確定されたが、服役中1997年12月特別赦免された。

2）第14代・金泳三の文民政府（1993年2月〜1998年2月）

　金泳三は1970年代から金大中とともに代表的な野党政治家の一人であった。金泳三（統一民主党）は1987年に全斗煥大統領の退任に伴って行われた第13代大統領選挙で盧泰愚に負けたが、1990年に盧泰愚（民主正義党）、金鍾泌（新民主共和党）と手を握り、三党連合により巨大与党である民主自由党を誕生させた。その後、金泳三は民主自由党の大統領候補となり、1992年の第14代大統領選挙で大統領に当選した。朴正熙政権以来32年間続いていた軍事政権が終

わったので、金泳三政府は「文民政府」という名称を使った。

　金泳三大統領は在任期間中は様々な民主化改革や財閥改革を試みた。経済的には、特に金融取引時に実名を使用するようにする金融実名制（1993年8月12日）実施は当時としては大々的な改革であった。政治的には1994年3月15日、与・野党が満場一致で通過させた政治改革法を公布、引き続き1994年末、地方自治法を改正し（1961年の5・16軍事クーデターにより、1960年の選挙を最後に地方議会が廃止された）、1995年6月27日には34年ぶりに全国同時地方選挙が実施され、韓国の地方自治時代が始まった。

　1996年12月12日にはOECDに加盟し（29番目）、正式に先進国の一員として認められた。しかし、任期末期の1997年に東アジアや東南アジア各国を襲った経済危機（アジア通貨危機）により国家破綻危機に瀕し、1997年12月3日、国際通貨基金（IMF）に緊急融資を要請した（IMF経済危機）。

3）第15代・金大中の国民の政府（1998年2月〜2003年2月）

　金大中は、軍事政権時代の野党の代表的な政治家で、1973年8月8日の拉致事件（当時、大統領候補であった金大中が朴正熙政府の情報機関により東京のホテルから拉致され、韓国に連れ戻された事件）、1976年には懲役5年、さらに1980年には死刑の判決を受けるなど苦難の道を歩んだ。

　金大中が第15代大統領選挙に当選したことにより、第2共和国以後36年ぶりに与・野党の政権が入れかわった。また、朴正熙から全斗煥、盧泰愚、金泳三まで4代続いて慶尚道地域出身者が大統領であったが、全羅道地域出身者へと政権が移った。

　金大中政府は、主権が国民にあることを強調する意味で「国民の政府」という名称を使った。金大中大統領が就任したのはアジア経済危機直後である1998年で、経済的な危機が続いていた。金大中大統領はIMFの介入を全面的に受け入れた上で経済改革に着手し、金融危機の克服に全力を尽くした。

　南北関係に対しては「太陽政策」と称される金大中大統領の平和と和解の努力により、一気に進展を見せた。2000年6月13日〜15日に、北朝鮮の平壌で金正日国防委員長との南北首脳会談が実現され、「6・15南北共同宣言」が発表された。特に南北首脳会談などが評価され、金大中大統領は2000年ノーベル

平和賞を受賞した。

　対日関係については、金大中大統領は就任以来一貫して韓日関係の改善・発展に努め、その結果として21世紀に向け新たなパートナーシップを謳った「韓日共同宣言」（1998年10月8日）を発表し、同年10月20日には韓国での日本文化開放を宣言した。日本文化開放は1998年10月に部分的に日本映画の解禁から始まり、4段階の開放を経て、2004年1月からすべての分野で開放された。また、2002年には日本とサッカー・ワールドカップを共同開催するなど、韓日関係を良好化させた。しかし、任期中の3人の息子による不正蓄財、景気刺激策として実施したクレジットカード業規制緩和などは批判の対象にもなった。

4）第16代・盧武鉉の参与政府（2003年2月〜2008年2月）

　盧武鉉は弁護士出身の政治家である。最大の支持基盤はノサモ（盧武鉉の支持団体の名称で、盧武鉉を愛する会の頭文字を取った略称）を中心に熱狂的な支持を与えたネチズン（インターネット市民）で、デジタル民主主義で選ばれた大統領とも言われる。盧武鉉政府は、国民の政治参加を重視し、国民主権時代を開くという意味で、「参与政府」の名称をつかった。

　盧武鉉は相対的に高い国民の支持を得て大統領職に就任したが、与党の新千年民主党は国会では少数派であった。さらに与党の分裂により、議会での基盤を大幅に損なった盧武鉉大統領は苦境に立たされた。2004年、大統領選挙における不正資金疑惑が浮上して弾劾され、一時的に大統領職務が停止されたが、憲法裁判所により大統領弾劾訴追が棄却され、職務に復帰した。結果として、盧武鉉大統領は政治基盤を大幅に強化し、政策を推進する体制を整えることとなった。

　盧武鉉大統領の最大の公約は地域主義の解消で、その一環として、極度に人口が集中するソウル一極集中を正すため首都移転計画を進めた。しかし、2004年10月に憲法裁判所が「ソウルは朝鮮時代からの慣習的首都」として「違憲」と判断、修正を余儀なくされた。

　南北関係においては金大中大統領の太陽政策を継承し、経済破綻状態にある北朝鮮に肥料や米などの物質的支援、開城工業団地や金剛山観光開発といった南北経済協力事業を行った。2007年10月2日〜4日には北朝鮮の金正日国防委

員長との南北首脳会談が平壌で開催された。

　退任後は盧武鉉大統領の側近・親族が贈賄容疑で逮捕され、さらに盧武鉉大統領自身も不正資金疑惑で捜査対象となったが、自宅の裏山で投身自殺を図り死去した。

🎬盧武鉉の弁護士時代をモデルにした映画「弁護人」(2013年)を推薦する。

5) 第17代・李明博の実用政府(2008年2月〜2013年2月)

　李明博は1965年現代建設に平社員として入社し、35歳で同社の社長、47歳で会長に就任する。40代で大企業会長になった李明博の成功ストーリーはサラリーマンの神話となった。1992年、27年間勤めた現代グループを離れた後、政界に進出し、国会議員を経て2002年ソウル市長選挙に当選する。ソウル市長在任中はインフラ整備を大々的に進め、ソウル中心部を通り抜ける清渓高架道路を取り除いて清渓川を復元(2005年10月1日)し、市民の憩いの場とした。

　在任期間中の2010年11月にはG20首脳会議、2012年3月には核安全保障サミットなど、重要な国際的行事を開催した。しかし、2008年から実施した韓国の4大河川(漢江・洛東江・錦江・栄山江)の開発事業(日照りと洪水予防、用水確保に備えるため浚渫して堰を作る)と海外資源開発事業をめぐる疑惑で非難が続いた。退任後の2018年には収賄罪などで懲役17年の実刑が確定して服役中である。

6) 第18代・朴槿恵政府(2013年2月〜2017年3月)

　朴槿恵は韓国政府樹立以降、初の女性大統領であり、第5〜9代大統領である朴正煕の娘でもある。就任して1年後である2014年4月16日、修学旅行を行った高校生325人を含め、計476人が乗っていた大型旅客船セウォル号が全羅南道・珍島沖で沈没する事故が起き(乗客476人の中で、299人が死亡)、政府の事故の予防や初動対応の不備が大きな問題となり、難局に直面した。

　また、2016年10月末に発覚した友人崔順実の国政介入問題(崔順実ゲート事件)により、12月9日、国会で弾劾訴追案が可決され大統領としての職務が停止され、2017年3月10日に憲法裁判所により、罷免が宣告された(憲法65条第1項：大統領が「重大な犯罪及び罪過によって弾劾され、有罪判決を受け

た場合は、その職を追われる）。2017年3月10日、収賄や職権濫用罪などで懲役20年の実刑が確定されたが、服役中2021年12月特別赦免された。

7）第19代・文在寅政府の国民の時代（2017年5月〜2022年5月）

　文在寅（ムンジェイン）は弁護士として市民運動や人権運動に参加したのち、2007年には盧武鉉大統領の秘書室長となるなど、盧武鉉大統領の側近として活躍した。朴槿恵大統領の弾劾・罷免後、2017年5月9日の大統領選挙で当選し、同年5月10日に第19代大統領に就任した。文在寅政府は、「国民が国の主権者としてもてなされる国民の国」を強調し、政府の名称を「国民の時代」とつけた。

　文在寅政権期間の南北関係は、対話と対立の繰り返しであった。2018年4月27日に北朝鮮の金正恩（キムジョンウン）国務委員長と板門店（パンムンジョム）の韓国側施設「平和の家」において第1次南北首脳会談を実施、2018年5月第2次、2018年9月第3次南北首脳会談、引き続き、2019年6月30日には板門店で初の南北米の三者首脳面談が行われた。しかし、北朝鮮の非核化や南北が合意した事業には進捗がなく、南北間通信連絡線は断絶・復元・再断絶・再復元が繰り返された。

　経済的には、文在寅政権の5年間で、韓国のGDPは世界上位10位国となった。しかし、不動産対策は失敗しソウルの不動産価格が政権の発足時（2017年5月）の2倍に高騰し、経済格差は一層拡大した。また、任期終盤には文在寅側近の子供をめぐる入試不正や政権高官らの不動産投機などの疑惑が噴出した。

8）第20代・尹錫悦政府（2022年5月〜2027年5月予定）

　2022年3月9日に実施された第20代大統領選挙では、保守系最大野党「国民の力」の尹錫悦（ユンソクヨル）前検事総長候補が僅差で進歩（革新）系与党「共に民主党」の李在明（イジェミョン）前京畿道知事に勝利し、5月10日に大統領に就任した。尹錫悦大統領は、1987年大統領直接選挙制改憲以来、最も僅差（約0.7ポイント）で当選が決まり、また国会議員など政治経験のない初の大統領である。

　尹錫悦大統領は選挙戦では、女性家族部の廃止、女性議員のクオータ制廃止など男性有権者の支持を狙った選挙活動を展開し、20〜30代（MZ世代）の男女の対立を招き、また地域間対立、世代間対立が色濃く浮かんだ。そのため、当選以来「国民統合」を強調した。

尹錫悦政府は2022年5月、国益・実用・公正・常識の4つの国政運営方針の下で、今後5年間で取り組む国政課題110を発表した。ところが、尹錫悦政府が今後取り組む国政課題の多くは、野党の協力なしに実現するのは難しい状況である。国会で法案を可決させるためには6割の賛成が必要であるが、21代国会（2020年5月〜2024年4月、300議席）は、類例のない「与小野大」で、現在与党である国民の力が議席35.9％（106席）、第1野党である共に民主党が58.1％（172席）を占めている。そのため、大統領令改正のような行政府だけで可能な政策と規制改革にまず力を注ぎ、立法が必要な課題は見合わせる戦略が必要である。

2. 韓国の国会と議員

　韓国の国会は1947年7月17日の制定憲法では1院制であったが、1952年7月の第1次改憲により、2院制となった。1962年12月の第5次改憲で再び1院制議会となり、今日に至っている（日本の国会は、衆議院と参議院の2院制議会）。

　国会議員の任期は4年で、議員定数は300議席である。投票は2票制で、300議席のうち、地域区（日本の小選挙区制）国会議員253人（選挙地域区で得票多数の人が当選）と比例代表国家議員47人（各政党の得票率に応じて議席数が決まる）である。

　第21代国会議員選挙（総選挙）は、2020年4月15日実施され、革新系与党である「共に民主党」が圧勝し、単独で法案が処理できる180議席を確保した（韓国議会では与野党が対決する法案の可決のためには6割の賛成が必要）。

　選挙権は満18歳以上の韓国国民である（2020年前までは19歳）。被選挙権は満25歳以上の韓国国民であったが、2021年12月31日、公職選挙法改正案が国会で可決され、満18歳に引き下げられた。政党加入年齢は18歳であったが、2022年1月11日に政党法改正案が国会で可決され、満16歳に引き下げられた。法改正により、高校生でも政党に加入し、議員になることが可能になり、2022年月3月9日の第20代大統領選挙と同時実施された国会議員の補欠・再選挙、同年6月1日実施した地方自治体団体長及び地方議会議員選挙から適用された（補欠選挙は選挙区選出議員に当選したが、議員の事情により欠員がある場合

に実施、再選挙は選挙で当選者がいない場合、または不法選挙などで当選の無効判決などの事由がある場合に実施)。

図表2●第21代国会・交渉団体と政党別議席数 (2022年6月3日基準)

	政党名	地域区	比例代表	合計	年齢制限
交渉団体	共に民主党	153	15	168	・選挙権 ：満18歳以上 ・政党加入：満16歳以上 ・被選挙権：満18歳以上
	国民の力	88	22	110	
非交渉団体	正義党	1	5	6	
	基本所得党	0	1	1	
	時代転換	0	1	1	
	無所属	5	3	8	
合計		247	47	294	

出典：https://www.assembly.go.kr、国会HP
注：1) 国会法第33条第2項及び第3項による報告基準、2) 国会に20人以上の所属議員を持つ政党は一つの交渉団体となる。

3. 北朝鮮との政治経済関係

1）第6共和国と南北関係の歩み

①盧泰愚大統領と1988年7・7宣言

　南北韓は1945年分断後から厳しい対立が続いたが、1972年7月、朴正煕大統領と北朝鮮の金日成首席との「7・4南北共同声明」(南北対話に関する宣言) により南北対話の糸口を見つけた。しかし、1976年8月の北朝鮮の板門店8・18斧殺害事件などの影響で、南北韓の対話は再び中断された。

　1988年に就任した盧泰愚大統領は北朝鮮との関係改善に積極的な姿勢を見せ、1988年7月7日に「大統領特別宣言」(7・7宣言)を発表し、北朝鮮に関係改善を求めた。韓国の憲法や国家保安法では南北関係を国家対国家の関係として認めてはいないが、盧泰愚大統領は、1991年9月17日、韓国と北朝鮮との国連同時加盟を実現させた。引き続き、1991年12月にソウルで南北首相会談が行われ、「南北基本合意書」(南北の和解・不可侵・交流・協力等の合意)が締結された。しかし、その後、北朝鮮の核問題が大きく取り上げられるなど、南北韓の関係にはあまり改善がみられなかった。

②金大中大統領と南北首脳会談

　1998年に就任した金大中大統領（1998年2月〜2003年2月）は南北関係の改善を強く押し進め（太陽政策）、2000年6月13日〜15日、北朝鮮の平壌で戦後初めての金正日国防委員長との南北首脳会談が開かれた。両首脳は2000年「6・15南北共同宣言」を締結し、南北韓の民間・経済交流に大きな進展があった。6・15宣言には離散家族の再会を進めることが挙げられ、2000年8月15日から18日、「第1回離散家族再会」がソウルと平壌で行われた。

写真● 2000年6月南北首脳会談（平壌）

出典：Presidential Archives of Korea、第15代青瓦台HP

③盧武鉉大統領と南北首脳会談

　2003年に就任した盧武鉉大統領は南北関係においては金大中の太陽政策を継承し、経済破綻状態にある北朝鮮に肥料や米などの物質的支援、開城工業団地や金剛山観光開発といった経済協力支援を行った。2007年10月2日〜4日、金正日国防委員長との南北首脳会談が平壌で開催された。

　金大中大統領の南北首脳会談とは違って、今回は、平壌・開城高速道路を通る陸路訪問が合意され、盧武鉉大統領は国家元首としては初めて徒歩で軍事分界線（MDL）を越えて行った。2007年に南北関係発展と平和繁栄のための宣言「10・4南北共同宣言」が採択され、政治・経済・軍事・社会文化面での多様な事業を合同実施することになった。

写真● 2007年10月南北首脳会談（平壌）

出典：Presidential Archives of Korea、第16代青瓦台HP

④李明博・朴槿恵政府と対北強硬政策

李明博政府と朴槿恵政府の時期の南北関係は緊張と対立の状態が続いた。「非核・開放・3000」を選挙公約として掲げた李明博政府（2008年2月〜2013年2月）は、過去の太陽政策を無条件の包容政策とみなし、相互主義原則による強硬政策を維持した。「非核・開放・3000」とは、北朝鮮の核放棄決断を誘導するために提示した李明博政府の対北政策構想で、北朝鮮が非核化と開放を進めれば、韓国は国際社会とともに、10年以内に北朝鮮の一人当たり国民所得が3,000ドルに達するよう支援するという構想であった（当時、北朝鮮の一人当たりGDP推計値は500ドル未満）。

しかし、李明博政府の対北強硬政策は失敗し、2009年4月の北朝鮮の長距離ロケット発射、同年5月の北朝鮮の核実験、北朝鮮による2010年3月の韓国哨戒艇沈没事件、同年11月の延坪島砲撃事件による軍事的衝突など、南北韓の緊張関係が続いた。

朴槿恵政府（2013年2月〜2017年3月）も対北強硬姿勢を貫いた。北朝鮮の4回目の核実験と長距離ミサイル発射に対する措置として、2016年2月10日、当時南北経済協力の象徴であった開城工業団地の操業中止を決定し、北朝鮮は反発を強めてきた。

⑤文在寅大統領と第1〜3次南北首脳会談

文在寅政府（2017年5月〜2022年5月）は、朝鮮半島の非核化と恒久平和を目指し、南北間対話と交流を進め、南北関係を発展させていくのが国政目標で、任期前半には南北関係の大きな改善が見られた。

2018年2月の平昌冬季五輪開幕式に南北選手団が統一旗を掲げて「コリア」として共同入場し話題となった。2018年4月27日、文在寅大統領と北朝鮮の金正恩国務委員長との第1次南北首脳会談が板

写真●2018年4月27日南北首脳会談（板門店）

出典：https://m.etnews.com、電子新聞

門店の韓国側施設「平和の家」で行われ、「板門店宣言」が発表された。

　今度の会談は2007年盧武鉉政府の南北首脳会談以来11年ぶりであり、北朝鮮の最高指導者が軍事境界線を超えて韓国側入りしたことは史上初であった。引き続き、2018年5月26日、韓国の文在寅大統領と北朝鮮の金正恩国務委員長との第2次首脳会談が板門店の北朝鮮側施設「統一閣」で行われた。2018年9月18日～20日、第3次首脳会談が北朝鮮の平壌で開催され、文在寅大統領は金正恩国務委員長と「平壌合同宣言合意書」に署名した。

　2019年6月30日、韓国側施設「自由の家」で、アメリカのドナルド・トランプ大統領と北朝鮮の金正恩国務委員長、中途合流した文在寅大統領による米朝韓3者会談が開催された。トランプ大統領はアメリカ大統領としては史上初めて板門店の北朝鮮側に足を踏み入れ、世界の注目を浴びた。しかし、その後、南北関係は進展が見られない状況が続いている。

⑥尹錫悦大統領と対北強硬政策

　2022年5月に就任した尹錫悦大統領は、選挙公約として「北朝鮮の完全な非核化実現」「北朝鮮の人権財団の早期設立」などを掲げ、李明博政権の時よりもさらに強硬な方針を示した。尹錫悦政府の大幅な政策転換がない限り、南北緊張と対立関係が続き、北朝鮮は核ミサイル開発の速度を上げていくことが予想される。

2)南北経済協力関係

　南北経済協力の象徴として、金大中大統領の2000年6・15共同宣言後の北朝鮮の金剛山観光と開城工業団地、南北韓を繋げる道路や鉄道の連結事業があげられる。

①金剛山観光

　韓国人の北朝鮮の金剛山観光は1998年南北韓の合意に基づき、同年11月に江原道の東海港を出港する船で始まった。2003年9月以降は南北間の軍事境界線（MDL）を越えての陸路観光が開始され、2004年1月以降は陸路観光に一本化された。しかし李明博政府の時である2008年7月11日、金剛山観光客射殺

事件(北朝鮮の金剛山観光地区で韓国国籍の女性観光客が朝鮮人民軍によって殺害された事件)以来、金剛山観光は中断状態である。

②開城工業団地

　開城工業団地は韓国と北朝鮮の合作で推進した北朝鮮の経済特区である。2000年8月22日(株)現代峨山と北朝鮮との合意で始まり、2003年6月に第1期工事起工、2004年末からは韓国企業が工業団地に入居し、生産を開始した(現代峨山は1998年11月金鋼山観光を着手し、以後、南北経済協力事業を体系的に推進するために1999年2月5日に設立された南北経済協力のための専門企業である)。しかし、朴槿恵政府は北朝鮮の核実験と長距離ミサイル発射に対する措置として、2016年2月10日、開城工業団地の操業を中止させた。

③南北の鉄道・道路の連結事業

　金剛山観光や開城工業団地構想が進展していく中で、金剛山や開城を行き来する鉄道や道路の連結が望まれた。金大中大統領の2000年6・15南北共同宣言、盧武鉉大統領の2007年10・4南北共同宣言の成果として、朝鮮戦争で線路が寸断され、運行が中断された京義線(ソウルから平壌を経て中国国境の新義州を結ぶ鉄道路線)と東海線(朝鮮半島東側の東海に沿い、釜山から北朝鮮の安辺を連結する路線)の復元事業が始まった。

　2000年7月31日、軍事分界線(MDL)をまたいで分断された京義線の連結工事の南北間の合意が成立し、2002年9月18日、京義線と東海線の道路連結の着工式が開催された。紆余曲折を経て、2007年5月17日、東海線と京義線の試運転が開始された。京義線の韓国の文山～北朝鮮の開城区間が連結され、2007年には開城工業団地までの貨物輸送が行われた。

　東海線の韓国の江陵～北朝鮮の安辺区間の連結も推進された。しかし、2008年に李明博政府がスタートした後、南北関係が梗塞し1年余りで中断された。文山～開城を結ぶ高速道路の建設は2015年にも推進されたが、朴槿恵政府期間である2016年1月の北朝鮮による4回目の核実験で南北関係が梗塞し中断された。

第2部

現代経済の流れ

解放から1950年代経済

　第二次世界大戦の終結に伴い（韓国では8月15日を光復節^{グァンボクジョル}と称する）、朝鮮半島は連合国軍の信託統治下に置かれる。北緯38度線の北ではソ連軍が朝鮮民主主義人民共和国の成立（1948年9月9日）まで統治し、38度線の南では米軍が大韓民国の成立（1948年8月15日）まで統治した。

　1948年の政府樹立から1950年代の韓国経済の特徴は、援助経済時代と言える。当時、北朝鮮では地下資源と重工業が発展したが（日本植民地支配下で、日本の戦争遂行などに必要な製造業の主な施設が北の地域に配置されたことが主な原因）、韓国では農業が主な経済活動で、国内総生産の20％未満を占める製造業は軽工業中心の後進国型産業構造であった。また、1950年6月から1953年7月までの3年間の朝鮮戦争で、韓国の多くの製造業が大きな被害をうけ、韓国経済は自立基盤を失い、アメリカの援助によって成り立つ時期であった。

1.　米軍政期の経済と農地改革

1）帰属財産の払い下げ

　1945年9月7日、米軍司令部は南韓^{ナムハン}（韓国政府樹立前までの韓国の呼称）に軍政を布くことを宣言し、夜間通行禁止令を実施した（夜12時から夜明け4時まで一般人の通行を禁止する通禁制度は、1982年1月5日全斗煥^{チョンドゥファン}政府によって解除されるまで37年間続いた）。

　1945年12月6日、米軍政庁は南韓にある日本政府財産及び日本人の私有財産を米軍政法令によって米軍政に帰属させ、米軍政が管理・処分することになる。日本植民地時代に日本人によって蓄積され、終戦とともに米軍政によって没収されたこの財産を「帰属財産」または「敵産」という。

帰属財産の中には家屋も含まれていたが、経済的に大きい意味を持ったのは日本人地主が持っていた帰属農地と日本人所有の帰属企業体であった。このとき没収された財産の総額は明らかではないが、日本人が所有していた工場は当時韓国にある工場の85％に達し、帰属農地の規模は当時の総耕地面積の約13.4％に達したことから、この帰属財産が当時の経済で占める割合がいかに大きかったかがわかる。

　米軍政による帰属企業体の払い下げが1947年から始まるが、特に払い下げ対象者として該当企業と直接利害関係がある人々（株主、当該企業の経営者や管理人であった者、関連商人等、様々であった）が優先的に選ばれた。

　帰属企業体の場合、米軍政による払い下げは全体帰属企業の15％程度で、少数の中小企業の払い下げに留まった。多くの帰属企業の払い下げは、1948年韓国政府樹立とともに、1948年9月11日「韓米財政及び財産に関する協定」に基づき韓国政府が引き継いだ。帰属企業の払い下げ対象者として賃借人及び管理人、その企業の株主、社員の順で優先的に選ばれたので、政府と癒着関係がある企業に払い下げられる場合が多かった。

　米軍政期と李承晩政権時期を合わせて払い下げされた帰属企業は2700余に達しており、この中では大企業として成長したケースが多い。例えば、鮮京織物（現、SKグループ）、ハンファグループ、OBビール、朝鮮ビール（現、ハイト眞露）、東洋セメント、東和百貨店（現、新世界百貨店）などである。

2）農地改革

　日本の植民地時代、日本による土地調査事業が行われ、多くの耕地が東洋拓殖株式会社（農業拓殖を主とする植民地統治のための国策会社）と日本人地主の所有となり、全農家の86％が小作農（地主から小作料を払って借りた農地を耕作する）で、全農地の64％が小作地であった。

　独立後、ほとんどの農民が零細小農や無土地農であったので、農地改革を求める農民運動が全国各地で起きた（北朝鮮では「土地改革」、韓国では「農地改革」と呼ばれた）。米軍政は左翼（共産主義）勢力の農村浸透を憂慮し、日本人所有の帰属農地（全体耕作地の13.4％）を1946年2月米軍政が設立した新韓公社が管理し、小作料を3・1制（小作料を33％とする）とした。1948年3月から、新

韓公社は保有していた帰属農地の払い下げを行った。

　1948年8月に韓国政府が樹立されてから農民たちの最大の関心事は農地改革であった。北朝鮮では1946年3月から「無償没収、無償分配」の原則に基づき土地改革が行われ（5町歩（約50,000m²）以上の土地を没収し、農民に無償で分配）、同年6月には土地改革が終了したこともあって、韓国での遅れた農地改革は農民たちの不満を高める要因になった。

　李承晩政府は1949年6月に農地改革法を制定、1950年3月に農地改革法を改正し、1950年5月から実施した。地主の農地所有上限を3町歩とし、居住地から8km以内という制限を置いた。政府が地主から購入した農地を該当耕地の小作人に優先的に払い下げした。1年間収穫の1.5倍を売却地価として算定し、毎年収穫の30％ずつを5年間政府に現物で均等償還すれば、小作農地を農民の所有として転換するとの条件であった。

　しかし農地改革法実施1か月後の1950年6月25日に朝鮮戦争が勃発し、農地改革法の全面実施は延期された。1950年から1970年までに農地改革法に基づき買収・分配された農地は、全国農地の約15％に過ぎない。

　農地改革法は47年間維持されてきたが、1993年に金永三政府の農業政策の変化により、新しい「農地法」が制定（1996年発効）され、廃止された。新しい農地法は、企業農を育成して農家競争力を高めるため、農地所有限度を30町歩から60町歩に増やし、非農民の農地所有を3町歩に制限した。

2.　アメリカの援助と三白産業

1）アメリカの援助による経済

　1945年から1961年まで、アメリカと国連は韓国に合計31億ドルの経済援助を行った。アメリカの援助は解放直後の米軍の占領地域における行政救護援助（GARIOA資金）が始まりで、1948年まで約4億ドルが提供された。

　1948年から1951年までは欧州復興計画（Marshall Plan：マーシャル・プラン）の一環として制定されたアメリカの援助法（FAA）と1948年12月の「韓国とアメリカの間の援助協定（ECA援助協定）」に基づき、経済協力援助（ECA）が提供された。ECA援助は長期的な経済復興を目的にしたが朝鮮戦争で中断され、

戦争中のECA援助は戦時緊急救済計画援助(SEC)と名称が変わり、1951～1953年まで提供された。ECAとSECを合わせた援助規模は2億100万ドルに達した。

　韓国経済は朝鮮戦争(1950年6月～1953年7月)によって荒廃し、自主的な成長可能性を失った。1953年10月1日に「韓米相互防衛条約」(1954年11月17日発効)が締結されたことを契機として、アメリカからの多大な経済援助が始まり、1955年から1961年7月までの韓国経済は完全にアメリカの援助に依存した。1955年からICA（米国際協力部)援助が提供され、1961年7月まで約17億4千ドル(食料援助含む)の膨大な援助であった。

　当時、UNによる援助とアメリカの直接援助があったが、アメリカの援助額が全体の76％にのぼり、1950年代韓国社会に大きな影響を及ぼした。援助の内訳は、概ね供与者であるアメリカによって決められた。ICA援助は施設財と消費財がそれぞれ4：6の割合であった。

2)アメリカの余剰農産物援助

　1955年以後韓国に導入されたアメリカ援助の中で注目されるのは余剰農産物援助であった。当時、農産物の過剰生産に悩んだアメリカは、余剰農産物の対外輸出の促進を図ると同時に、それを援助に利用する目的で1954年に農産物貿易促進援助法(PL480条)を制定した。

　この法に基づき、韓国に提供された余剰農産物援助は1956～1960年までに1億6,000万ドルに達した。導入品目は小麦、麦、米などの穀類と原綿が大部分を占めた。アメリカ産余剰農産物は韓国穀物生産量の40％を占め、その中で小麦が70％を占めた。したがって小麦粉価格は米価格と比べることができないほど安かった。

　アメリカの援助を基盤に消費財中心の軽工業を中心とする工業化が進んだが、余剰農産物の導入は韓国農業の停滞を招いた。農業従事者の収入の低下・不安定化を招き、春窮農民(秋に収穫した食糧が麦の収穫期前になくなり、旧暦で4～5月頃を飢えて過ごす農民)が増え、李承晩政権の末期には、春窮農民が農業従事者の半数に達した(日本の植民地時代から1950年代末まで大多数の農民が春になると厳しい飢えの中で暮らした)。こうした政府経済政策の無策によ

り、1人当たり国民所得（GNI）は、1953年67ドル、1961年80ドル前後にとどまった（2021年韓国1人当たり名目GDPは35,195ドル）。

3）三白産業

　1950年代の韓国産業の3大成長部門は三白産業（製粉・精糖・綿紡績）であった。三白産業経営の共通点は、1948年政府樹立以後李承晩政府から払い下げを受けた帰属財産を施設基盤とし、アメリカの余剰農産物援助が原料であった。原料取得において原料カルテル（原料共同購入）を作ったが、その中でも圧倒的な財力を誇る財閥系の企業が独占的に買い取ることが常となった。

　原料加工型消費財産業であるこれら業種は製造原価の中でも原料費が占める割合がほぼ90％であったが、原料を低価格で購入し、また新しい業者の新規加入を制限して原料を独占したので莫大な利潤を得た。こうした手厚い保護を受けた財閥系の企業による「三白産業」は圧倒的なスピードで成長した。

　ところが、原料の配分の優先基準が保有施設規模であったので、関連企業は競って施設を拡大し、李承晩政権末期である1957～1958年頃には飽和状態に達し、過剰設備投資が顕在化した。加えて1958年からのアメリカ援助の削減により

写真●アメリカ援助食糧入荷歓迎式（1957年）

出典：大統領記録館所蔵

深刻な状況に陥った。また、朴正熙政府が1960年代以降から強力な輸出主導政策と重化学工業育成策を実施してから、内需を基盤とした三白産業は徐々に衰退した。

　三星グループ、鮮京織物（現、SKグループ）などのいくつかの企業は、当時の成長を基盤とし、今日10大企業グループとして成長した例である。

第 **6** 講

経済開発5か年計画（1962～1981年）

　韓国で経済開発計画が本格的に実施されたのは1962年からで、1962～1966年に第1次、1967～1971年に第2次、1972～1976年に第3次、1977～1981年に第4次経済開発5か年計画が実施された。これらの経済政策は、政府主導、輸出依存、外資依存、低賃金依存が特徴である。

　1960年代の主な産業は「軽工業」である。外国からの資本導入により生産設備を建設し、輸入代替産業と輸出産業を重点的に育成する。1970年代は「重化学工業」が発展する時期である。1973年の重化学工業化宣言を通じ、6大重化学工業が選ばれ育成される。この時、工業団地も助成される。

　1970年代末には香港、台湾、シンガポールとともに、韓国はアジアNIEs（Newly Industrializing Economies：新興工業経済地域）と呼ばれるようになる。韓国の輸出は1964年1億ドルから1977年には100億ドルとなり、1人当たり国民所得は1961年80ドル前後から1977年には1,000ドルを超えるようになる。

1.　第1次経済開発5か年計画（1962～1966年）

1）基本計画と成果

　1962年1月13日から始まる第1次経済開発5か年計画は、政府主導による外向的開発政策が特徴である。主な目標は、電力・石炭のエネルギー源と基幹産業を拡充して経済開発の土台を作ること、農業生産力の向上による農業所得の増加、輸出増加であった。

　当時の農業は、1950年以後の農地改革を通じて自作農の割合は高まったが、農業生産基盤の劣悪、投資財源不足、肥料・農薬・農機械の遅れなどにより、農業生産量は増加しなかった。さらにアメリカの余剰農産物が大量導入された

ことにより農産物価格が低く策定されたので、農家経済は赤字を免れなかった。食料自給率は1962年度には90.3％であったが、1963年には70.9％へと急激に下がった。

　政府は食料輸入のための外貨獲得の必要性に迫られ、「軽工業中心」の輸入代替工業化を推進した。政府は積極的に外資を導入して工業原材料や機械・プラントを買い、国内の安くて良質の労働力を使って生産した製品を輸出して外貨を稼ぐ方式であった。この時期の経済成長率は7.8％で目標を上回っており、1人当たり国民総生産(GNP)は83ドルから125ドルへと増加した。

2)通貨改革と為替レート制度改革

　朴正煕軍事政府は5・16軍事クーデター以後財政赤字拡大で累積した過剰流動性を解消し、地下経済(税務当局の監視が及ばない闇経済)で財を成した富裕層の財産を没収する目的で、1962年6月10日通貨改革(第3次緊急通貨措置)を実施した。通貨単位をファン(圜)からウォン(₩)へと名称変更し、旧通貨と新通貨との交換比率を10：1にする名目切り下げであった。

　しかし朴正煕政府が予想した地下経済の財産は多くなかったし、現金と預金の凍結により産業活動が深刻な打撃を受けたので、この緊急金融措置は一か月足らずのうちに撤回された。この通貨改革は地下経済財産を産業資金化するという目的を果たすことはできなかった。

　1964年には、ウォン安への為替レート制度改革が行われた。この時期に1ドル130ウォンという公定為替レートから、1964年5月から1ドル255ウォンを下限とする単一変動為替制度へと転換し、輸出しやすい環境を作るとともに、各種の輸出奨励制度を取り入れた。その結果、製造業の生産と輸出は急速に拡大した。

3)西ドイツへの労働者派遣(派独労働者)

　アメリカの援助は1961年7月で終わったので、新財源を探す必要があった。当時韓国は、人口2,004万人であったが、失業者は250万人(失業率は約30％)で、経済事情が悪かった。一方、マーシャル・プラン(欧州復興計画：第二次世界大戦後に、共産主義の勢力が広がるのを阻止することを目的に当時のアメ

リカの国務長官マーシャルの提案によって推進された計画で、希望するヨーロッパ諸国に無償または低金利によって経済的援助を行った）や朝鮮戦争特需などにより急成長した西ドイツは、3K業種である鉱山での労働力不足で悩んでいた。

　1963年西ドイツとの協定により、炭鉱労働者と看護師の西ドイツ派遣が始まった。炭鉱労働者と看護師の西ドイツ派遣は、韓国政府樹立以来、韓国人労働者の大規模な海外進出の初事例であった（韓国では彼らを派独鉱夫、派独看護師と呼ぶ）。

　失業者が250万人を超えていた1963年8月の第1次派遣では、募集500人に対し4万6,000人の応募が殺到し、競争率100対1であるほど人気が高かった（契約期間は3年、月給は当時韓国のサラリーマン月給の8倍程度）。1963年から1977年まで炭鉱労働者7,936人が、1966年から1976年の間に看護師1万1,100人あまりが西ドイツに渡った。派独労働者の年間送金額は総輸出額の2%ほどに及び、韓国経済発展の基盤となった。

4）韓日国交正常化

　日本との国交正常化は、経済開発のための支援資金をあてにする意味もあったが、一方では李承晩政府時代から日本と外交関係の再開を求めるアメリカの働きかけも影響を及ぼした。しかし日本の謝罪がないまま韓日外交を再開することに関して野党は屈辱外交だと主張した。1964年屈辱外交に反対する大規模デモが市内各地でおき、民間デモ隊と警察、軍との間で激しい闘争が起こった（1964年6・3学生運動）。

　各界の反発があったが朴正熙政府は韓日外交を再開し、1965年6月22日に韓国（朴正熙政府）と日本（佐藤栄作内閣）との間で韓日基本条約が正式に調印され、日本は韓国を朝鮮半島の唯一の合法政府と認め、韓国との国交を樹立した。

　なお、この韓日基本条約とともに、金鍾泌中央情報部長と大平正芳外相が1962年にまとめた「金・大平メモ」を基に経済協力協定が調印され、日本が総額8億ドル（無償3億ドル、政府借款2億ドル、民間借款3億ドル、当時1ドル360円）の経済協力をすることが決められた。当時、韓国の総外貨準備高が2～3億ドルに過ぎなかったことを考慮すれば、日本からの借款導入額は膨大な規模で、この資金は朴正熙政府の経済開発のための投資に当てられた。

5)ベトナム戦争派兵とベトナム戦争特需

　アメリカは1961年からベトナムにアメリカ正規軍を派遣しており、1963年にベトナム戦争に全面的に軍事介入し、1964年には韓国に南ベトナムへの派兵支援を要請した。アメリカはアメリカ軍給料の5分の1水準であった韓国軍を戦線に投入することで戦費節減をはかろうとしたのであった（参戦一等兵給料の場合、韓国軍51ドル、アメリカ軍235ドル）（『合同年金』1968年）。アメリカ側は派兵の対価として韓国軍の戦力増加と経済発展に必要となる援助資金を提供することを約束した。

　1964年9月から1973年3月まで韓国軍が南ベトナムに派兵され、アメリカが支給したベトナム戦争への派兵韓国軍の海外勤務手当てのうち、8割以上が韓国に送金された。一方、ベトナム戦争を契機に、1965年からベトナムに進出した韓国企業は多くの工事受注を受けるとともに、戦争に調達する軍需物資納品と用役事業投入などにより韓国企業はベトナム戦争特需を迎えた。また、毎年1万人を超える技術者がベトナムにわたり、外資系企業を中心に雇われた。

　ベトナム派兵軍人と技術者給料の送金、韓国軍派兵の見返りとしてもらったアメリカからの援助資金は、京釜高速道路建設費用に一部当てられた。1973年1月ベトナム和平協定本調印、引き続き1973年3月29日のアメリカのニクソン大統領の戦争終結宣言により、南ベトナムに派遣された韓国軍はすべて帰還した。

■朝鮮戦争、西ドイツ労働者派遣、ベトナム戦争派兵など、激動期の韓国社会を背景とした映画として「国際市場で逢いましょう」（2014年）を推薦する。

2．第2次経済開発5か年計画（1967〜1971年）

1）基本計画

　第2次経済開発5か年計画では、食料自給化と山林緑化事業、化学・鉄鋼・機械工業の建設による産業高度化、輸出7億ドル達成、雇用拡大、国民所得増加、科学技術の振興、技術水準と生産性の向上が目標として設定された。これらの目標を果たすための所要資金9,800億ウォンの中で、外資が14億2,100万ドルであったが、このうち6億ドルが1965年の韓日国交正常化により日本から

入ってくるようになった。

2）ニクソン・ドクトリンと重化学工業育成政策

　アメリカは1969年7月に「ニクソン・ドクトリン」（アジア防衛に関するアメリカの新政策方針）を発表し、「アジア諸国は安全保障について各国の自助努力で極力処理すべし」という方針を打ち出した。アメリカは韓国に対しても、韓国に駐留する在韓米軍の縮小とともに韓国の国防力強化を進めた。

　このような動きの中で、朴正熙政府は経済的・軍事的自立体制の強化が最大の課題となった。自力防衛のためには武器類などの重装備のアメリカへの依存度を減らし国産化する必要があったので、重化学工業化を産業政策の基本に据え、財閥、国策企業を通じ、重化学工業にカネ、モノを重点的に投入することになった。

　この時期に一連の産業振興法が整備される。1967年には機械工業、繊維産業、造船業、1969年には電子産業、1970年には石油化学、鉄鋼業、1971年には非鉄金属といった7つの産業に産業育成法により財政資金が投入された。

3）京釜高速道路建設

　1965年の韓日経済協力協定による8億ドルの無償と有償借款の対日請求権資金、ベトナム戦争への韓国軍派兵によるアメリカからの軍事援助資金を財源とし、その後の韓国経済発展の基盤となる京釜高速道路建設と浦項製鉄所建設の2大プロジェクトを始めるが、これらは、その後の造船・自動車産業の発展につながる。

　ソウルと釜山を結ぶ全長428kmの京釜高速道路の建設は、1968年2月1日に工事が始まってから2年5か月かかり、1970年7月7日に開通された。総工事費429億ウォン、900万人の労働者、165万台の装備が投入された大型事業であった。

写真●京釜高速道路の路線図

ソウル

釜山

出典：imagesearch.naver.com、京釜高速道路

京釜高速道路は韓国の2番目の高速道路である。初めての高速道路は京仁高速^{ギョンイン}道路(ソウル〜仁川^{インチョン})で1968年12月21日開通し、23.8kmであった。

　京釜高速道路は韓国経済を支える大動脈で、ソウルから釜山まで車で15時間以上かかったのが、5時間台に短縮された。これにより物流が円滑化し、軽工業中心から鉄鋼、石油化学、自動車へと、産業構造の改編が加速化された。

4)浦項総合製鉄所建設

　浦項製鉄所^{ポハン}は政府の重化学工業化政策の象徴的存在である。政府は鉄鋼産業の重要性を認識しはじめ、1968年4月、国営企業として浦項製鉄を設立した。1970年4月に浦項製鉄所第1期設備着工が始まり、1973年に第1期設備が竣工され、韓日基本条約に伴う対日請求権資金などによる資本導入と、八幡製鉄及び富士製鉄(現、日本製鉄)と日本鋼管(現、JFEスチール)の3社からの技術導入により進められた。

　1987年1月には全羅南道の光陽市^{チョルラナムド クァンヤン}に光陽製鉄所第1期設備着工竣工、1988年7月に2期竣工、1990年12月に3期を竣工した。浦項製鉄所は2000年に完全民営化され、2002年3月から社名もPOSCOに変わった。POSCOは、2020年の鉄鋼メーカーの粗鋼生産量の世界ランキング6位であり(世界鉄鋼協会集計2020年)、「世界で最も競争力がある鉄鋼会社」として12年連続1位になっている(鉄鋼専門分析機関WSD2021年評価)。

写真●浦項総合製鉄所第1期設備着工式
朴泰俊社長(左)と朴正熙大統領(中)

出典:POSCO歴史博物館にて筆者撮影

5)セマウル運動(農村近代化運動)

　経済援助と借款に依存して都市中心の工業化を推進した政府は、1969年11月に農村近代化促進法を制定し、経済開発から取り残されていた農村の近代化を主として政府主導によるセマウル運動を実施した。セ(新しい)マウル(村)運動は、「勤勉・自助・協同」を基本精神とし、農村の近代化、地域発展及び意識

改革を目標とした。

1970～1971年にセマウル作り事業から始まり、1972年からは「農村セマウル運動」、1974年からは工場の生産性を高めるための「工場セマウル運動」、1976年からは都市地域の共同体意識を高めるための「都市セマウル運動」へと広がった。

この運動によって農村の道路・農地・住宅が整備され、農村が近代化し、特に農家所得は1970年825ドルから1979年4,602ドルへと増加した。また農民層にある程度の所得の再配分が行われ、国内需要が増加する成果をもたらした。

セマウル運動は農村開発と貧困退治の模範事例として評価されており、1970年から1979年までのセマウル運動記録物は2013年6月18日ユネスコ世界記憶遺産として登録された。

写真●セマウル運動の旗と作業風景

出典：blog.naver.com、セマウル運動

3. 第3次経済開発5か年計画（1972～1976年）

1）基本計画と成果

第3次経済開発5か年計画では重化学工業を本格的に推進すること、1980年代初頭に輸出100億ドル、1人当たり国民所得1,000ドルを達成するとの目標が定められた。

この計画の着手直前の1971年8月15日のニクソン・ショック（ドルの金との兌換停止を宣言）による世界金融危機、1973年10月の第1次オイル・ショックによる経済危機の中でも、外資導入の増加、輸出ドライブ政策、中東建設景気などで難局を乗り越え、年平均9.7％の成長率を維持した。

当時、1980年代初頭に輸出100億ドルを達成するとの目標は対内外では不可能であると言われた。しかし輸出100億ドル、1人当たり国民所得1,000ドル達成目標は当初計画より約3年も先立って、1977年に達成された。韓国産業全体

で重化学工業が占める割合は、1961年21.3％、1975年には46.4％、1980年には55.6％へと高まった。

2）重化学工業育成政策と工業団地

　1973年1月12日、朴正煕大統領の「重化学工業政策宣言」により、韓国の重化学工業化政策は1973年から本格的に施行された。鉄鋼、非鉄金属、造船、機械、電子、化学が6大重化学工業として選ばれた。

　重化学工業の立地開発を促進するため、1973年12月には「産業基地開発促進法」が制定され、1974年に臨海地域に6つの重化学工業団地が指定されたが、その多くが慶尚道に位置していた。

　1974年に昌原機械工業団地、温山非鉄金属工業団地、麗川石油化学工業団地（2001年10月改称、麗水国家産業団地）が造成された。引き続き、1974年の蔚山尾浦工業団地は石油化学、自動車、造船産業基地として造成され、1977年には亀尾電子工業団地が追加された。

3）造船産業の発展

　造船産業の発展のため1967年に造船工業振興法が制定された。第3次経済開発5か年計画では輸出戦略産業として指定され、1970年代後半には政府の重化学工業化政策により造船産業がさらに成長した。1975年に蔚山尾浦に現代重工業の現代尾浦造船が設立された。引き続き、1977年には巨済島の竹島に三星重工業の三星造船が設立、1978年には巨済島の玉浦に大宇造船海洋（DSME）が設立され、韓国の造船大手3社（現、現代重工業、大宇造船海洋、三星重工業）となった。これら3大造船会社は、LNG船をはじめとする親環境船舶の建造経験と技術力の面で競争国をリードしていると評価されており、2021年、世界親環境船舶発注量のうち、64％を韓国の3大造船企業が占めている。

　現代重工業の現代尾浦造船は、単一造船所としては世界最大規模であり、中型船舶分野では世界市場シェア1位を記録している。大宇造船海洋の場合、1994年大宇重工業に合併されたが、2000年大宇グループ解体により、大宇造船は分離・独立され、2000年から産業銀行が管理し、構造調整を進めてきた。産業銀行の持ち株比率は55％で、事実上、大宇造船海洋は公企業であると評

価されてきた。産業銀行はこの持株55%を現代重工業に売却し合併しようと試みたが、2022年1月、欧州連合の合併反対で実現できなかった。

4）輸出自由地域（現、自由貿易地域）

　工業化に伴う輸入拡大と借款元利金返済の増加は国際収支悪化の新たな問題となり、外資導入政策は直接投資の促進と輸出産業の育成へと移行する。1970年輸出自由地域設置法が制定され、外資企業への優遇措置と国内の低賃金労働とを結びつけ、輸出向け生産のみを行う馬山輸出自由地域（FEZ：Free Export Zone）が設置された。

　馬山は、1970年から2000年7月までは生産中心の輸出自由地域として政府によって運営されてきた。2000年7月からは「自由貿易地域の指定等に関する法律」により、生産だけでなく、貿易・物流・流通・情報処理・サービス業などの新機能が追加された自由貿易地域（FTZ：Free Trade Zone）として運営されている。

　馬山自由貿易地域の外国人投資、合弁投資、内国人企業などの入居企業数は1971年22社（投資額の外資比率93％）であったが、2020年には120社（投資額の外資比率55％）で、入居企業数は増えているが、外資投資比率は低下している（馬山自由貿易地域HPより）。

　2022年現在、自由貿易地域は産業団地型と空港・港湾型に分けられ、産業団地型には馬山、益山など7地域、空港・港湾型としては、仁川空港、釜山港、浦項港、平沢・唐津港、光陽港など6地域が指定されている。

5）重化学工業優遇措置と財閥の成長

　国内での貯蓄が乏しかった当時の韓国においては、民間銀行は短期資金の貸し出ししかできず、設備投資のような長期資金は外国からの借り入れに依存した。それを政府や銀行が支払いを保証する形で、重化学工業中心の設備投資が大企業により行われた。

　6大重化学工業には金融面と租税面での優遇措置に加え、1973年から国民投資基金（NIF）により、重化学工業のための長期資金融資制度が整備された。重化学工業化と同時に極端な輸出志向政策が採られ、輸出補助金制度が長期間実施された。1961～1964年までは直接補助金、1965～1987年までは国内税の減免、

関税減免、金融支援などが行われた。

　経済開発政策が実施される前にすでに事業の基盤を固めた現代（ヒョンデ）、三星（サムスン）、ラッキ金星（現、LG）、鮮京（ソンギョン）（現、SK）、双龍（サンヨン）、韓進（ハンジン）などは、政府支援により造船、自動車、電子、航空、運輸などに進出し、各分野で独占的地位を享受し、財閥企業として成長した。

　これらの一連の政策は「不均衡型開発戦略」ともいうべきものであり、重化学工業化の過程で政治権力と財閥の癒着関係が強化された一方、経済の底辺部分を構成すべき中小企業の育成はなおざりにされた。

6)私金融市場改編と8・3私債凍結措置

　1960〜70年代の高度成長期には企業の資金需要が資金供給をいつも上回った。企業の資金需要は急増したが、金融機関からの資金供給は不十分で、証券市場が発達していなかった当時、非公式・非組織的な民間非金融機関（韓国では、私金融市場という）は企業の重要な資金源であった。「私債」（サチェ）とは、私金融市場からの貸出のことで、高利の貸金業と闇金をあわせたようなものである。私金融市場での資金を供給する個人投資家や団体、企業は銭主（ジョンジュ）と呼ばれた。当時私債の加重平均金利は月3.84％、年46％の高い水準であった。

　1970年代に入り、1971年8月のニクソン・ショックによる国際通貨制度の不安など世界経済状況の悪化により国際収支赤字が拡大した。特に経済が不況局面に入ると企業の利子負担が重くなり、連鎖倒産する企業が増えた。政府は私金融市場を制度金融化し、経済発展に必要な資金源にするため、1972年8月、短期金融業法、相互信用金庫法、信用協同組合法を制定して多様な形態の金融機関が設立できるようにした。また証券市場を育成し、銀行貸出、借款、私債などの間接金融に偏重した企業の資金調達体制を株式発行の直接金融に誘導するため、1972年に企業公開促進法を制定（1973年1月施行）した。

　引き続き、朴正熙（パクチョンヒ）政府は1972年8月3日、「経済安定と成長に関する緊急命令」（呼称、8・3私債凍結措置）を宣布した。その内容は、企業と私債業者間のすべての債権債務契約関係を8月3日から無効化し（8・3私債凍結措置）、私債の金利を月利1.35％にし（当時、私債平均金利は月3.84％であった）、債務の返済は3年据置後5年分割償還する新しい契約を締結することであった。つま

り、企業の私債金利負担を3分の1水準に大幅に軽減し、返済日も最長8年まで延ばすということであった。緊急措置によって税務署や銀行に届けられた私債申告規模は当時通貨量の80％であったことから、地下経済がいかに栄えたかがわかる。

7）総合金融会社

　1972年の8・3私債凍結措置はある程度の成果をあげたが、1973年の第1次オイル・ショックにより、再び経済開発のための外貨不足に苦しんだ朴正煕政府は、私金融市場を制度化するとともに、外資導入を促進するため、1975年「総合金融会社に関する法律」を制定し、大企業の参加を促した。総合金融会社（略称、総金社）は、市中金融機関（民間金融機関）の一形態で、証券仲介業務と保険業務を除き、外貨導入だけでなく、すべての金融業務を行うことができる、その言葉どおり総合金融業務を行う会社である。

　総金社は銀行法が適用されないし、中央銀行の規制も受けない。したがって、銀行に比べて各種規制が緩和されていたし自律的な運営が可能であったため、1976年に6社であったが、その数が増え、1997年には30社ほどになった。

　1996年末、総金社の資産総額は一般銀行（342兆ウォン）の半分に近く膨れ上がり、1997年10月末には総金社の外資調達残高は約200億ドルまで増えたが、そのうち60％は1年未満の短期資金であった。また、大手財閥は総金社を通しての借入金により、積極的に多角化を行いながら規模を拡大したが、借入金依存の拡大により財務体質は脆弱のままであって、1997年末のIMF経済危機を導いた主な原因にもなった。

8）第1次オイル・ショックと中東特需

　1973年10月6日からの第4次中東戦争をきっかけに始まった第1次オイル・ショックにより、原油価格は4倍も値上がりし、韓国は貿易収支の赤字が急増した。第1次オイル・ショックによる世界不況の中、アラブ産油国は大量の石油代金の流入で資金を蓄積し建設ブームがおきたが、自国の経済開発に振り向けるだけの技術も労働力も絶対的に不足している状態であった。

　この時期の韓国は社会インフラ施設が整い、国内建設需要が減少し始めたの

で、建設業界は海外進出を模索する必要があった。1974年から1975年にかけて、多くの韓国の建設会社は中東の建設工事の受注をうけ、1975年には海外進出建設会社数は32社に達した。特に、現代（ヒョンデ）は中東特需により世界的な企業として成長した。

　中東に進出した韓国の建設会社や労働者によるオイル・マネーの還流が始まった。これは、ちょうど同じ時期に終わりを告げたベトナム戦争特需に代わる財源となり、中東特需や輸出のいっそうの拡大によって韓国経済はオイル・ショックの危機をなんとか乗り切った。

4. 第4次経済開発5か年計画（1977～1981年）

1）基本計画と成果
　第4次計画の基本目標は、自力成長構造の確立、社会開発による均衡発展、技術革新による能率向上に置かれた。特に技術革新政策では、科学技術投資を1981年までにGNPの1％まで引き上げるという目標が掲げられた。
　ところが、1978年末から1979年春のイラン革命によって起こった第2次オイル・ショックにより、原油供給が減り原油価格は急騰した。さらに、1979年10月26日に朴正煕（パクチョンヒ）大統領の暗殺、朴正煕死後の全斗煥（チョンドゥファン）主導の1979年12・12軍事クーデターと1980年5月18日光州事件などの政治的不安、農産物の凶作、国際金利上昇を背景に、1980年には実質成長率－2.1％を記録し、経済開発政策実施以後初めてのマイナス成長率を経験した。

2）第2次オイル・ショックと逆オイル・ショック
　1979年のイラン革命によりイランでの石油生産が中断したため原油供給が減り、原油価格は急騰した。先進諸国への衝撃は第1次石油危機の時よりは小さかったが、韓国経済はむしろ反対で、1979年の10・26事件と1980年の政治混乱が重なり、大きな打撃を受けた。特にこの時期の韓国経済は石油依存度の高い重化学工業育成政策により、年間製造業成長率が20％以上を上回り、石油依存度が第1次石油危機の時より高くなったため、さらに打撃が大きかった。
　一方、石油輸入国では、第1次オイル・ショック後から省エネルギー政策が

浸透し、企業の合理化政策、原子力や風力、太陽光などの代替エネルギーの開発が進んだ。また、先進国の経済が中東の石油に極端に依存していたことから、中東以外での新しい油田開発、調査が積極的に行われ、1980年代に入り、北海、メキシコ等、非OPEC地域のシェアの拡大などにより、原油価格は下落した。

　原油価格の値下がりで、産油国のオイル・マネーが減少して、世界経済に悪影響を与えた(逆オイル・ショック)。この第2次オイル・ショック直後に起こった逆オイル・ショックにより、特に中近東に進出していた韓国の海外建設会社は大打撃を受け、1984年7月、「海外建設振興総合対策」という名目で、建設会社の大整理が行われる。

3)重化学工業分野の投資調整

　1970年代の政府の重化学工業育成政策により、輸出商品の中で重化学工業製品が占める割合は1970年の12.8％から1980年には41.5％にのぼり輸出構造の高度化が進んだ。しかし、重化学工業育成政策による諸問題も現れ始めた。

　特に問題となったのが、重化学工業育成が基礎・中間段階産業の育成なしで最終生産物分野に集中されたため、原材料輸入が大いに増加したことである。また政府の重化学工業分野への金融支援などの優遇措置を狙い、財閥企業は競って重化学工業分野に投資したので、企業の重複投資が増える一方、軽工業では生産不足現象が現れた。さらに第2次オイル・ショックによる世界的な景気低迷で、需要が大きく減少し、国内では労働争議による賃金上昇、高金利などにより、国際競争力も大きく低下していた。

　第2次オイル・ショック不況期である1980年9月にスタートした全斗煥政府は、重化学工業の重複・過剰投資を調整して投資効率を高め、重化学工業の国際競争力を高めるとの趣旨で、合理化措置を進めた。1979年と1980年には、自動車、発電設備、重電機器(発電施設や工場などで使われる大型電気機械)部門、1981年から1989年にかけては肥料・石炭・造船産業部門の合理化措置が行われた。

　政府の重化学工業投資調整措置には、特に自動車産業が主な対象となり、自動車の専門生産体系を構築するため、乗用車は現代自動車・大宇自動車・起亜自動車、バスとトラックでは現代自動車・大宇自動車・起亜自動車・東亜自動

車(大型バス)、特装車は東亜自動車・現代自動車(トラック・ミキサー)・大宇自動車(トラック・ミキサー)、ジープは東亜自動車(民需用)など、車種別生産者を制限した。また、自動車主要部品の生産体制も親会社は乗用車のエンジン、車体、駆動装置を、専門業者はトラックやバスなどの商用車のエンジン及び駆動装置を生産することになった。

4)金融市場自由化政策と対外債務増加

　全斗煥政府は経済自由化政策を進めた。経済運用の基本方向を政府主導から民間主導へと徐々に転換するとともに、民間企業の公正で自由な競争体制の確立を目的とした「独占規制及び公正取引に関する法律」(略称、公正取引法)を1980年12月制定した(1981年4月施行)。

　政府の自由化措置が特に著しかったのは金融部門であった。まず、1981年に預金を取り扱う普通銀行(都市銀行、地方銀行)の民営化を実施した。1975年から設立が認められた総金社はその後も比較的簡単に設立が許可されたため、経営管理能力の欠如したものが少なくなく、オフショア金融市場(主に非居住者間の資金調達や運用を行う市場で、規制や税制面で優遇される)から短期資金を借り入れ長期貸付で運用するなど、無謀な経営を行った所が多かった。

　金融市場自由化とともに財閥は投資や事業拡張の膨大な資金を外貨借入れに依存するようになり、1980年当時の韓国の対外債務はすでに危険水準と見られる500億ドルを突破した。

経済社会発展5か年計画（1982〜1996年）

　1982年からは経済政策の名称が「経済開発計画」から「経済社会発展計画」へと変わる。1982〜1986年に第5次、1987〜1991年に第6次、1992〜1996年には第7次経済社会発展5か年計画が実施された。しかし、第7次は金泳三政府の「新経済計画」が重ねて実行されることになり、事実上、5か年計画は1996年で終了することになる。

　1979年と1980年には、第2次オイル・ショック、政治的不安、国際金利上昇などを背景に、生産減少、韓国企業の国際競争力の急速な低下、外債の返済が遅れるなど、様々な問題があった。この計画期間中は、成長よりは安定を経済目標とし、重化学工業投資の調整と精密産業の育成など産業構造調整による合理化措置、従来の政府主導の経済運営方式から市場中心の自由経済体制への転換等、様々な対策が講じられた。

　1985年プラザ合意による円高ドル安（ウォン安）、国際金利安、原油安の3低を背景に1980年代初頭のマイナス成長を乗りこえ、最高の経済好況と言われるほど経済が成長した。またIT産業の基礎となる電子産業の育成政策が始まり、1990年代は「情報通信産業」が発展した。三星電子は1992年世界初の64MDRAMを開発し、この時からメモリ半導体は韓国を代表する輸出品目となった。また、1995年には、輸出1,000億ドル、1人当たり国民所得1万ドルを達成し、1996年12月12日にはOECDに加盟した。

1. 第5次経済社会発展5か年計画（1982〜1986年）

1）基本計画と成果

　1980年代に入り政府主導経済政策による諸問題が現れ始めた。政府主導で

支援してきた重化学工業部門では、重複投資・過剰投資により、多くの企業が大規模な赤字を記録した。第5次経済社会発展5か年計画では、従来の計画の基調であった「成長」を抜き、「経済安定・能率・地方開発」を基調とした。また、競争促進により市場機能を活性化するとの趣旨で、経済運営の基本方向は従来の「政府主導」から「民間主導の市場経済」へ、「保護」から「輸入自由化と競争」へと転換された。

この計画期間の最大の成果は、韓国経済の長年の課題であった物価を画期的に安定させたことであり、それを土台とし、1986年からの3低の有利な国際経済環境変化を迎え、経常収支の黒字転換、投資財源の自立化等、経済の質的構造を高めることができた。

2）科学技術分野への投資増加

この時期は、「科学と技術を通じて1980年代中に先進国になる」というスローガンのもとに、科学技術の発展が強調され、1980年にはGNPの0.2％であった研究開発部門への投資比率を1986年には2％に高めるとの目標が掲げられた。

科学先進国目標の背景には、韓国より賃金の安い国からの追い上げを背後に感じていたため、工業生産のレベル・アップを目指したのである。従来の韓国の工業化は外国からの技術導入により進められてきたため、ロイヤリティーの支払いは1962〜1971年までは1,704万ドルであったものが、1972〜1981年の間には5億4,800万ドルに達した。

1983年から1985年にかけて「10大戦略産業」の育成方針が採択され、自動車、一般機械産業、半導体やコンピュータなどが戦略産業として位置付けられた。

3）3低好況

1985年のプラザ合意以降の3低は、韓国経済の好況をもたらした。3低とは、ウォン安（円高・ドル安）、国際金利の低下、一次産品及び原油価格の低下である。ウォン安・円高は日本商品に比べ韓国商品の国際競争力を高め、韓国の輸出が急増する大きなチャンスとなった。韓国産の乗用車である現代自動車の「エクセル」が初めて米国やカナダ市場に登場したのもこの時期であった。なお、原油価格の下落は大きな輸入額減少要因となり、1986〜1989年は、韓国政府

樹立以来、初めて大幅な貿易黒字を記録した。

　1985年の韓国の対外債務総額は476億ドルで、世界第4位の借金国であった。国際金利の低下は、対外債務の利子負担を軽減し外債元金の返済を可能にし、1989年には300億ドルまで減少した。1986年には国内貯蓄率が初めて投資率を上回った（国内貯蓄率は1988年40.4％をピークに下落し、2000年代は30％台）（韓国銀行データ）。

4）アメリカの市場開放圧力と輸入自由化措置

　アメリカは1980年代中頃まで財政収支赤字と貿易収支赤字を経験し、また第2次オイル・ショックにより物価が上昇し、経済状況は悪化した。アメリカは経済悪化を解消するため、国内法である通商法301条に基づき貿易相手国に圧力をかけた。また日本との貿易収支赤字による経済問題を解決するため、1985年9月プラザ合意を導いた。

　1985年からアメリカの通商法301条による市場開放圧力が高まり、1986年7月には、タバコ・知的所有権・保険市場開放に関する通商交渉を一括妥結した。これに基づき、韓国は1991年1月まで3段階にわたって「輸入自由化措置」を進めた。工産品だけでなく、農畜産物を含む輸入自由化品目が増え、1986年の韓国の輸入自由化率は91.5％にのぼった。外国資本の投資割合も徐々に拡大して100％まで認められた。

　政府の輸入市場開放政策は大企業には有利な環境を提供したが、安い外国の農畜産物の輸入により農村経済は深刻な打撃を受けた。韓国の食料自給率は1970年の86.2％から、1985年には48.4％まで低下した（2019年、食料自給率45.8％、穀物自給率21.0％）。

　一方、欧米先進国で安値攻勢の韓国製品への警戒感が高まり、韓国製の鉄鋼、自動車などの主要輸出品はアメリカの輸入制限品目となった。そこで、大手財閥企業は電気、電子、半導体などの最先端のハイテク産業へと事業を転換した。

2. 第6次経済社会発展5か年計画(1987〜1991年)

1)基本計画と成果

　第6次計画では、能率と均衡を土台とした経済先進化と国民福祉増進が基本目標として定められた。この期間中、経済成長率は目標7.5%を上回って10%を達成し、失業率は2.4%で雇用は安定した。また、政治的には大統領直接選挙実施、経済的には労働組合運動の拡散、外交面では共産圏との関係改善など、大きな変化があった。

2)労働組合運動拡散と賃金上昇

　韓国政府はそれまでは、労働組合運動を弾圧し労働争議に介入しながら賃金を抑えてきたが、労働者の低賃金が深刻であったことから1986年12月に「最低賃金法」を制定し1988年1月施行した。一方、1987年6・29民主化宣言とともに労働運動の自由化が進み、労働争議件数が急上昇し、それまで抑えられていた賃金が大幅に上昇した。

　1987〜1993年に名目賃金は約2.5倍も上昇し、韓国の賃金はついに台湾を上回り、日本の2分の1程度にまで達した。賃金上昇は韓国商品の国際競争力を大幅に低下させ、労働集約型組み立て産業は次第に競争力を失っていった。

　しかし、1985年プラザ合意による日本の円高が韓国商品の輸出競争力を相対的に高めたこと、また、相次ぐ賃金上昇が国民の所得増加をもたらし、これが国内需要を刺激し、それまでの輸出依存度の高い経済を内需に誘導したことなどにより、問題の顕在化が遅れた。

　このような国内外からの需要増が、本来必要であった構造調整を遅らせ、むしろ各企業は競って新たな設備投資を行った。設備投資資金が国内で調達しにくくなると海外で調達し、それも1年未満の短期債務を大量に抱える結果となった。

3)周辺アジア諸国への対外投資増加

　1985年プラザ合意以降の円高で、日本企業は輸出用生産拠点を人件費が安

い海外に移し、韓国の追い上げに対抗できる競争力を獲得する。日本に次いで台湾も東南アジアや中国に投資を急増させた。

　韓国も対抗上、海外に生産拠点を持たざるを得なくなった。その場合、資金調達は海外で行われたが、1981年からの政府の金融市場自由化政策により、海外での資金調達について韓国政府はほとんど干渉しなかった。また、韓国企業は借り入れた外貨を東南アジアやロシア等で運用して利ざやを稼ぐことも盛んに行っていた。これは、1997年アジア経済危機の影響を強く受ける要因になった。

4）3低から3高へ

　1985年からの3低によるブームは、1988年のソウル・オリンピックまで続いた。しかし、対米貿易黒字の増大から今度はウォン高を強いられた。1986年平均1ドル881.5ウォンであったレートは、1989年には671.5ウォンへと31.3％切り上げられた。今度はウォン高、金利高、物価高の3高が韓国経済を襲った。

3. 第7次経済社会発展5か年計画（1992〜1996年）

1）基本計画と成果

　新経済5か年計画とも言われる第7次計画では、それまでの経済開発計画とは違って、自律と競争に基づき、経営革新・勤労精神・市民倫理の確立により、経済社会の先進化と民族統一を目指すことが基本目標として定められた。また、企業の競争力強化、均衡発展、開放・国際化の推進と民族統一の基盤造成を3大戦略にした。

　この期間、1995年10月27日には輸出1,000億ドル、1人当たりGDPは1万ドルを達成し、1996年12月、世界では29番目、アジアでは日本に次いで2番目（日本は1964年に加盟）に経済協力開発機構（OECD）の加盟国となった（2022年加盟国38か国）。

　OECD加入に伴い、韓国はアジアをはじめとする途上国の意見を代弁する役割とともに、海外援助が求められる一方、外資規制の緩和や労働法規の改正、金融・資本市場の開放などについての注文も付けられた。また、世界貿易機関

（WTO）からも輸入規制・市場参入制限の撤廃などの圧力が強まり、段階的に
それに応ぜざるを得なくなった。

2）金融実名制

　1960年代以降、経済開発政策の推進過程で常に投資資金が不足した。政府
は貯蓄を奨励するため、1961年「預金・積立金などの秘密保護に関する法律」
を制定、預金者の秘密保護、仮名、借名あるいは無記名による金融取引を認め
てきた。しかし非実名による金融取引により闇取引が増え、税負担面でも公平
性を阻害した。また1980年代にはいると、各種金融不正事件が起き、その解
決のために金融実名制を取り入れる必要性が強調された。
　金泳三大統領は1993年8月12日「金融実名制度」実施を発表した。実名制実
施直前である1993年8月時点で、仮名、借名による口座資金は当時金融資産の
10％、総通貨の33％にのぼる規模であった。
　金融実名制度は金融機関での金融取引の際、仮名あるいは無記名による取引
を禁止し、実名が確認できた場合に限って金融取引が可能になる制度で、制度
の実施2か月以内に（1993年10月まで）非実名資産を実名資産に転換すること
を義務付けた。1996年末、実名預金の実名確認率は98.3％で、金融実名制度は
成功したと評価された。

3）金融市場開放と金融市場自由化

　韓国の経済開発過程での金融部門は、一言でいうと政府が金融を支配する官
治金融であった。政府は金融機関を所有し、金利や貸出資金配分に介入した。
しかし、経済規模が大きくなるにつれて、過剰投資や重複投資など、その非効
率と問題点が指摘された。1980年代に入り、従来の政府主導の政策は民間主
導の市場経済重視と経済自由化政策へと転換されたが、特に自由化が著しかっ
たのは金融部門であった。
　全斗煥政府の1981年から銀行民営化により、新規参入の自由化が行われた。
アメリカの金融市場開放への圧力は1980年代中頃から高まったが、1990年代
に入ると、アメリカの外国為替市場、金融市場、資本市場開放の圧力がさらに
強まった。世界的な金融市場自由化の流れの中で、政府は1991年から4段階に

わけて金融部門と非金融部門の受信金利と貸出金利を自由化し、1996年まで、すべての金利を自由化した。

　一方、韓国は1996年12月12日にOECD加盟国となったが、OECD加盟のためには外資規制緩和や金融・資本市場開放の条件が付けられたので、金融自由化と金融市場開放を余儀なくされた。金融自由化とともに銀行の国際金融市場へのアクセスが可能となり、銀行のオフショア金融市場からの自由かつ過度な借り入れが増加した。特に1年未満の短期外債がますます増え続け、OECD加盟から1年後に韓国はIMF経済危機を迎えた。

IMF経済危機とその後の経済

　第7次経済社会発展5か年計画が終了した次の年である1997年末にIMF経済危機を迎えた。1998年、政府はIMFの提案であった民間経済活動の自由保障と市場経済秩序への編入、財政安定化を理由に経済社会発展計画を放棄した。また、政府は、財政政策、公共財管理など、必要最小限の部分を担当し、それ以外の部分での介入は最小化した。

　この頃から、政府のベンチャー企業育成政策によりIT産業が活性化し、輸出の3割以上を占めるなど韓国経済をリードする中核産業となった。2001年にはIMF体制が終了し、1人当たり国民所得は2006年に2万ドル、2017年には3万ドル、2021年には3万5,000ドル台となった。一方、国連統計によれば、韓国の実質GDP順位は2017年以降、世界10位水準の経済規模を継続的に維持している。

　2021年にはCOVID-19パンデミックの状況にもかかわらず、世界10位の国民所得、世界7位の輸出国としての地位を固めた。しかし、若年雇用問題、貧富格差の拡大、少子高齢化、脱炭素化などは現在の韓国経済が抱えている大きな課題である。

1. IMF経済危機と構造調整

1）金大中政府の構造調整

　1990年代に入ってからさらに強まった金融市場の自由化と開放化の圧力に対応するため、1993年スタートした金泳三政府は、金融自由化措置、金融実名制などを実施したが、任期終盤の1997年に東アジアや東南アジア各国を襲ったアジア経済危機の影響を大きく受けた。

1997年11月21日、IMFに緊急融資を申請し、1997年12月3日、210億ドルの救済金融の承認が下りた。さらに国際復興開発銀行(IBRD)とは100億ドル、アジア開発銀行(ADB)とは40億ドルの支援協定を締結した。政府は国際金融機関だけでなく、アメリカ、日本、ドイツなどの主要先進国から200億ドルの支援を受けることになった。合計550億ドルの借入金が決まり、国家信頼度を回復し、経済危機は一応収拾された(実際の国際金融機関から受けた支援金は、IMFから195億ドル、国際復興開発銀行(IBRD)とアジア開発銀行(ADB)からそれぞれ70億ドルと37億ドルであった)。

　金大中政府(1998年2月～2003年2月)がスタートしたのはIMF経済危機直後で、1998年2月には、成長率は－7％（1998年平均－5.1％）、失業率9％、対外債務は約1,500億ドルで国民所得の37％を占めた。金大中政府は、IMFの厳しい融資条件(conditionality)を全面的に受け入れ、金融部門、企業(財閥)部門、公共部門、労働部門の4大改革を推進した。

　2000年からの世界経済の景気回復とウォン安を背景に、韓国の輸出が増加し、引き締め政策により、通貨危機と1998年の深刻な経済危機を乗り切り、2000年12月4日、金大中大統領は経済危機から脱したと公式発表した。2001年8月23日、韓国銀行はIMF救済金融195億ドル全額を返済し、IMFの支援体制から完全に脱した。外貨準備高は、IMF経済危機当時は39億4,000万ドルであったが、2001年7月には970億6,000万ドルで世界5位となった。

2) クレジットカード業規制緩和とクレジットカード大乱

　韓国でクレジットカードが導入されたのは1969年であるが、1980年代からカード会社だけでなく、銀行もカード業務を開始し、1990年代から成長を続けてきた。金大中政府の急速な構造調整による雇用不安、株価暴落、消費減少により、1998年の経済成長率は－5.1％で過去最低となった。

　政府は、景気悪化の対策として、消費を促進するためクレジットカード業の規制を大幅に緩和した。内需増加が企業の生産増加と雇用創出を導き、景気を回復させるとともに、カード使用の拡大によって脱税の防止を図る狙いもあった。

　金大中政府は1999年5月クレジットカードの現金サービス限度を廃止し、カ

ード事業の進出要件を緩和するとともに、2000年からはクレジットカード所得控除制度を設けた。カード所得控除制度とは、カード使用金額が年間給与所得の10％を超える場合、超過額の10％が課税所得から控除される措置である（2022年現在、カード使用額が年間給与所得の25％を超える場合、超過額の15％が課税所得から控除される。ただし控除限度額は300万ウォン）。

　1990年1,000万枚であったカード発給件数は2002年には1億枚を超えた。カード使用額も1998年63兆6,000億ウォンから2002年には622兆9,000億ウォンで4年ぶりに10倍近く急増した。カード会社は市場占有率を高めるため熾烈な競争を繰り広げ、違法勧誘や未成年者への発給も行った。

　カード融資の延滞による信用不良者数はIMF経済危機直後の1998年には193万人、2000年には200万人ほどであったが、2004年4月末には382万人ほど増え、信用不良者の中でカード信用不良者が6割を占めた。過剰信用貸付による延滞者の増加により、カード会社の業績が悪化した。

2. 2003年以後の政府の経済政策

1）盧武鉉政府の経済政策（2003年2月〜2008年2月）

　盧武鉉政府の主な経済政策としては、住宅価格の安定化のため打ち出した様々な「不動産政策」、首都圏に集中した政治、行政、経済、社会などの機能を分散するための2005年の「行政中心複合都市建設着手」（2012年世宗特別自治市の設置）、IMF経済危機後に増加した非正規職の保護のための2006年の「非正規職保護3法制定」があげられる。

　盧武鉉政府の経済政策に関しては評価が相反する。盧武鉉大統領の在任期間中の成長率は5年連続世界平均を下回った。不動産投機を根絶するため数回にわたって実施した不動産価格安定化政策は失敗し、他の政策も実質的な成果が得られなかったとのネガティブ評価が多い。しかし、不動産対策によって投機心理が萎縮し、市中の投機資金の多くが株式市場に集中して企業の資金運用に活用できたこと、在任期間中に貿易収支が黒字を記録したことは高く評価されている。

2）李明博政府の経済政策（2008年2月〜2013年2月）

　アジア経済危機以来、金大中、盧武鉉政府までの10年間、韓国経済は成長率が低く、雇用問題は深刻であった。それだけに、2008年2月にスタートした経済界出身の李明博大統領にかける国民の期待には大きなものがあった。

　経済大統領として大きな期待を背負ってスタートした政権であったが、2008年9月15日のリーマン・ショックによる世界同時不況とそれに伴う景気悪化、株価下落や急激なウォン安で、経済の活路を見いだせない政権運営が続いた。2009年以降からは、OECD諸国の中では最も早くプラス成長に転じ、安定した政権運営が可能になった。

　MBノミックス（-nomics）と言われる李明博政府の経済政策は市場重視の経済政策を基本理念とし、2008年から6段階にわたって305の公企業を民営化し、自由貿易協定（FTA）などを積極的に進めた。経済成長が雇用拡大と社会保障の拡充につながるというトリクルダウン（浸透）効果を狙ったが、雇用創出と格差是正の成果は期待に及ばなかったと評価されている。

3）朴槿恵政府の経済政策（2013年2月〜2017年3月）

　朴槿恵政府の経済政策は、李明博政府のトリクルダウン効果とは逆に、経済インフラを整えた上で、経済全体の潜在成長力を押し上げるという成長戦略であった。李明博政府が大企業、輸出、製造業支援にあてていた財源の多くを、朴槿恵政府は、中小企業、内需、サービス業支援に投入した。創造経済をモットーに、第2のベンチャーブームを目指してベンチャー企業を育成し、2003年に8,000社に過ぎなかったベンチャー企業が2016年には3万3,000社まで増えたことは高く評価されている。

　在任期間中、潜在成長率4%台、雇用率70%、1人当たり国民所得4万ドル（4・7・4）という目標を提示したが、経済成長率は3%を下回り、若年失業率は2015年9.2%、2016年9.8%と連続史上最高値を記録した。

4）文在寅政府の経済政策（2017年5月〜2022年5月）

　文在寅政府は過去4年間、韓国経済の構造的問題として指摘されてきた低成長・富裕層と貧困層の経済格差など経済の二極化を解決するため、「雇用と所

得主導成長、革新成長、公正経済」を経済政策の3つの柱とした。

　2019年7月からの日本政府の韓国向けの半導体素材などの輸出規制、2020年1月から韓国で始まったCOVID-19パンデミック、低炭素に向けた取り組みなど、厳しい国内外の状況に置かれたが、他の先進国と比べると、韓国は、経済成長率と生産性が極めて高く、新型コロナウイルスに対する防疫も優れた水準であった。

　しかし、文在寅政府の不動産市場安定化政策と雇用政策に関してはネガティブ評価が多い。在任期間4年間で不動産価格が高騰し、雇用創出政策により公務員数が急増し政府の人件費総額が高騰した。他の先進国に比べて、可処分所得の格差と相対的貧困率が高く、合計特殊出産率は世界最低水準となった。

5)尹錫悦政府の経済政策(2022年5月〜2027年5月予定)

　尹錫悦大統領は、国民所得5万ドルを選挙公約として挙げた。しかし、2017年5月スタートした文在寅政府が3低(ウォン安、国際金利安、低物価)といったいい状況で任期を始めたこととは反対に、2022年5月スタートした尹錫悦政府は、3高(ウォン高(円安)、国際金利高、物価高)といった厳しい環境に置かれた。

　特に、2022年2月24日始まったロシアのウクライナ侵攻以来、原油価格と穀物価格が急上昇し、2022年上半期の物価上昇率は5.4%で、1998年IMF経済危機以来、24年ぶりの最高値となった。

　尹錫悦政府は、2022年5月発表した今後5年間の国政課題110の中で、3高危機を克服するための政策として「生産性主導成長」を取り上げた。民間主導成長により生産性を引き上げるという戦略で、国内企業の投資を促進するため、法人税の引き下げ、大企業の施設投資の税額控除率の拡大、各種規制の撤廃と改革、海外での生産を国内に移転する企業への税制上の優遇措置、などを進めている。また、財政支出においても生産性を重視し、「民間主導の成長を支える財政の正常化と持続可能性確保」を課題として提示した。

第3部

世界の中の韓国経済

アジア通貨危機と韓国のIMF経済危機

　1980年代後半からアメリカ主導の金融自由化が世界的規模で進行した。この金融自由化の波は経済グローバル化の象徴でもあった。1985年プラザ合意、1980年代後半からの金融自由化を背景に、タイ、インドネシア、マレーシア、フィリピンなどのアジア諸国は輸出を中心に高い経済成長を維持した。21世紀は「アジアの時代」とも呼ばれ、海外の短期資金が大量に流入した。これらの国の国際競争力の源泉になったのは安い労働力で、外国資本の依存度が高く、それが原因となって、1997年7月に起こったタイ・バーツ（THB：Thai Baht）を対象とする投機的動きが、東アジア全体を網羅する通貨危機へと拡大した。特に韓国の経済と社会に与えた被害は大きく、韓国経済がかかえていた様々な問題が表面化した。

1. アジア経済危機の発生源になったタイ

　1984年11月、タイ政府はバーツの対アメリカドル相場を23バーツから27バーツへと切り下げるとともに、為替制度を従来のアメリカドル・ペッグ制（ドルとの固定相場制）から通貨バスケット制へ転換した。ドルのウェートが高いバスケット制度のもとで、バーツは事実上はドルにリンクしていた。タイ中央銀行が各商業銀行に毎日基準レートを通知し、それに基づき、商業銀行が顧客レートを決定する仕組みであった。

　1985年9月のプラザ合意以降、日本や新興工業国（NIEs）企業の投資が集中し、タイはNIEsに最も近い国として評価された。ところが、1985年のプラザ合意以降続いてきた円高ドル安の基調は、1995年4月、1ドル80円をピークに円安・ドル高へと転じる。それに伴って、それまでアメリカドルに連動される

形で実質実効為替相場を下げてきたバーツは、1995年から逆にバーツ高となった。通貨バスケット制度に固執したタイは、バーツ高で輸出は減少し、経常収支赤字は拡大し、輸出競争力の低下を招いた。

　これに1994年1月の中国人民元の通貨改革（人民元レート一本化）のインパクトが加わった。人民元レート一本化により、1ドル5.8元の公定レートが廃止され、既に存在した1ドル8.7元の市場レートに統一された。人民元の33％切り下げ（元安）で、中国の輸出は大幅に増加したが、これはタイの輸出に不利に作用したのである。

　タイ政府はなんとか1ドル25〜26バーツの為替相場を維持しようとしたが対抗できず、1997年7月2日、通貨バスケット制の維持を断念して変動相場制へ移行する（市場実勢に委ねる）ことを決定し、バーツの切り下げに踏み切った。

　ところがバーツの価値が低くなるのでバーツを売りドルを買う雰囲気が高まり、バーツは1ドル25バーツから1ドル40バーツまで暴落する。バーツ安によってタイの輸入物価は上昇し、外貨債務負担は増加した。投機的な不動産融資を過剰に行っていた金融機関の不良債権が急増、企業の生産活動不振、失業者の急増、労働者所得の減少、国内需要の減少へとつながった。

　一方、東アジアに対する投資家の信頼が急低下し、大量に流入していた投資資金が一転して大量流出（ドル買い）し、通貨危機はASEAN、台湾、韓国など、周辺アジア諸国に波及した。

　タイは1997年8月14日にIMF支援を決定、インドネシアは1997年10月30日に、韓国は1997年11月21日にIMFに緊急支援を要請した。なお、1998年10月には米国大手ヘッジ・ファンドが倒産した。

写真●アジア経済危機の発生源になったタイ（バンコク）

出典：筆者撮影

2. 韓国のIMF経済危機の原因

1）タイと韓国の経済危機原因の共通点と違い

　タイの経済危機は種々の原因の複合結果であり、韓国と共通点が多い。両国は長年にわたる経常収支赤字体質、経済規模に比べて巨額の対外債務、脆弱な金融部門、不動産バブル、政官民の癒着及び不透明な関係、企業や銀行の倫理欠如、無謀な拡張、などにより破綻に至った。

　しかし急速な重化学工業化により先進国レベルに達した韓国と、新興国とはいえ基本的には農業社会であるタイとの違いは大きい。また、資本や技術の点でも、韓国は財閥企業が中心となって蓄積したが、タイは多くを外資製造業に依存する。

2）韓国の経済危機の原因
①財閥の事業再編の遅れ

　韓国は経済開発計画の初期段階から、政府主導による経済開発戦略を追求し、外資や低賃金政策により輸出を促進した。また政府は限られた財閥に各種の保護及び優遇措置や制度上の特権を与え支援した。ところが、1987年の6・29民主化宣言後、賃金は上昇し、低賃金・低費用による安い中国製の輸出が増え、韓国製品の国際競争力は低下した。

　貿易収支は3低好況であった1986〜1989年を除けば、赤字が続いた。また1990年に入ってからは貿易収支赤字が膨らみ、1996年には貿易収支赤字が206億ドルに達し、外貨準備高は枯渇危機に瀕した。

　なお、経済のグローバル化の進展とともに国内市場と産業を保護するための政府介入はますます困難で実行不能となった。文民政府と呼ばれる金泳三大統領の在任期間中、財閥の過剰投資の弊害、財閥に対する政府の過保護が問題視され、財閥改革や金融実名制（1993年8月12日）などを試みたが財閥の事業再編に遅れた。

②企業の過剰・重複投資

　1980年代後半からの世界的な金融自由化を背景に、各財閥は海外から低利の融資を受け、過剰投資・重複投資を行った。財閥は生産性が高い長期投資プロジェクトだけでなく、リスクの高い不動産投資や競争力のない事業にまで投資を増やした。巨額の投資で過剰な設備能力を抱えた韓国企業は設備稼働率を高めるためにあえて安い注文も受け入れたので、収益率は低下していた。

③産業構造の問題

　韓国は経済開発初期段階から海外から部品や素材を輸入し、低賃金の労働集約型製品を生産して輸出拡大に成功した。しかし、先進国になってからも部品や素材の輸入依存度が高く、為替レートの変動は貿易収支に大きく影響を与える。為替レートがウォン安になると輸出増加効果があるが、部品や素材の輸入価格が上昇し、また国内の物価が上昇し、輸出が積極的に行われなくなる。

　1997年11月〜12月の2か月の間に、為替レートは1ドル800ウォンから1ドル2,000ウォンにまで大暴落した。このように急激なウォン安が進むと、輸入が減少し、これは輸出減少につながり、輸出と輸入の双方が減少した。

④金融自由化と短期対外債務の増加

　1980年代後半からアメリカ主導の金融自由化により、韓国に対する金融市場開放圧力が高まった。1990年代からの国内金融市場の自由化と共に、海外からの借入金も増え続け、1997年12月末の韓国の対外債務は1,544億ドルで、国民所得の37％を占めた。対外債務のうち、1年以内に満期が到来する短期債務が多かったことも経済危機をもたらした原因の一つとなった。国の対外支払い能力を示す短期対外債務比率（短期対外債務が外貨準備高に占める割合）は1996年211.4％、1997年には286.1％に達した（2020年の短期対外債務比率は36％）。

⑤海外投資増加と金融機関の欠陥

　1985年プラザ合意以降の円高で、日本企業は海外に輸出用生産拠点を移し、日本に次いで台湾が東南アジアや中国に投資を急増させたことから、韓国も対抗上、海外に生産拠点を持たざるを得なくなり、周辺東アジア諸国への対外投

資を活発に行った。

　特にタイとインドネシアには韓国メーカーが多く進出し、銀行、総合金融会社も進出していた。韓国企業と総合金融会社を含めた韓国の金融会社は対外投資のための資金調達を海外支店で借り入れた。韓国の金融機関は国際金融市場で3か月の短期貸付を得て1年以上長期融資をして利ざやを得ていた。

　ところが東南アジアでの通貨危機により貸付金の回収が不可能となった。外国金融機関からの短期債務返済の督促に追い込まれた韓国の総合金融会社は、韓国国内での融資を回収して対外債務を返済し始めた。満期を迎えた海外借入金の規模は徐々に増加し、その結果、国内の外貨準備高は枯渇し、対外債務返済不能状態(Moratorium)に落ちた。当時、政府は総合金融会社の東南アジア市場での営業活動、貸出規模に関して把握すらしていなかった。

3. IMFの融資条件と韓国経済の構造調整

　韓国の企業や金融機関は政府の保護下で成長し、政府と企業との癒着関係で偏った産業政策をとってきたので、経済構造や企業統治には問題が多かった。このような構造的欠陥は、経済が高成長を続けている間は表面化しなかったが、通貨危機の発生とともに一気に浮上した。

　韓国政府はIMFから195億ドルの緊急融資を受けたが、IMFの融資条件としての厳しい構造調整プログラムに基づき、経済の根本的な構造改革に取り組むことになり、金大中政府は、金融、企業(財閥)、公共、労働部門の4大改革を推進した。

1)金融改革(金融監督院設立、銀行の合併・統合、ペイオフ解禁)

　IMFの統合金融監督機関設置勧告に基づき、1997年12月31日「金融監督機関の設置等に関する法律」が制定され(1998年4月1日施行)、1998年1月1日金融監督委員会(2008年2月廃止、金融委員会に改編)が発足された。1999年1月2日には金融監督院が設立され、これまで分散していた銀行監督院、証券監督院、保険監督院、信用管理基金など4つの監督機関が金融監督院に統合され、ほぼすべての金融機関を監督・管理することになった。

これまでの韓国の金融機関は政府の金融政策の統制下におかれ、外圧に対しても完全に保護されていた。IMFは外国金融機関の韓国内進入スケジュールを早め、外資参入の際の取得制限を緩和すること、国内金融機関に国際決済銀行の定める自己資本比率8％（総資本に対する自己資本の割合で、この比率が高いほど安全性が高い）の遵守を求めた。

またIMFは金融機関への補助金支出を禁じ、経営状態の悪い金融機関の整理を求めた。1997年末2,101社であった金融機関数は2001年末には1,548社まで減った。銀行の大規模合併・統合の過程で、外国資本の韓国企業の買収や株式取得、銀行に対する外国資本の経営参加が行われた。

なお、1997年に33社あった総合金融会社は、1997年経済危機の主な原因として受けとめられ、1998年から退出・廃業し、2005年2社となり、2022年現在、ウリ金融グループ傘下の「ウリ総金」の1社しか残っていない。

一方、ペイオフ解禁（金融機関が破綻したときに預金者を保護するため、金融機関が加入している預金保険機構が、預金者に一定額の保険金を支払う仕組み）により、2000年以前は預金の全額が保護されたが、2001年から5,000万ウォンまでが保護されるようになった。

2）財閥改革（財閥の解体と再編）

1997年1月、財界14位であった韓宝鉄鋼（ハンボ）の破綻を皮切りに（2004年、現代製鉄（ヒョンデ）が買収）、同年3月に財界26位の三美（サムミ）グループ破綻、7月に財界8位の起亜自動車（キア）の破綻など（1998年10月、現代自動車が買収）、大手財閥企業の破綻が相次いだ。

1998年6月18日、李憲宰（イヒョンジェ）金融監督委員会委員長は55企業の処分と売却方針を発表した。当時30大財閥グループの中で19グループが解体または縮小された。ほかにも多くの財閥企業が企業再生手続きである法廷管理（日本の会社更生法に相当）を受けた。

引き続き、1998年10月19日、政府は三星（サムスン）、現代（ヒョンデ）などの5大財閥グループのすべての系列会社の構造調整方針を発表した。また国内産業の競争力を高めるため、ビッグディール（財閥間の事業交換、統廃合）による再編が進められた。

1999年7月には財界3位である大宇（デウ）グループ解体、2000年11月には財界10

位の東亜グループが解体された。また、2000年には財界1位であった現代グ
ループが内部の分裂と流動性危機により、8つのグループ（現代自動車、現代デ
パート、現代、現代重工業、現代海商、HALLA、HDC、KCC）に分離された。

3）公共部門改革（公企業の民営化と構造調整）

　公企業の競争力を高めるため、政府は1998年7月1日「公企業民営化方案」を
発表し、公企業の民営化及び構造調整を進めた。南海化学、大韓教科書（現、
MiraeN）、韓国総合技術金融（現、KTBネットワーク）、大韓送油管公社、浦
項製鉄（現、POSCO）、韓国総合化学（現、KC）、韓国重工業（現、斗山重工業）、
韓国通信公社（現、KT）、韓国タバコ人参公社（現、KT&G）等、合計9社の公
企業が民営化された。

　2022年現在、市場型公企業（資産規模が2兆ウォン以上で、総収入額のうち
自己収入額が占める割合が85％以上の機関）は15社、準市場型公企業（自己収
入比率が50％以上85％以下の機関）は21社である（公共機関運営委員会資料）。

4）労働改革

　IMFの融資条件として、労働市場でも自由競争体制が導入された。給与は
年功賃金の代わりに年俸制が、また労働市場の柔軟性を高めるため1998年に
は労働者派遣法が制定・施行（日本は1986年施行）された。1998年2月には政
労使合意による労働法改正により、整理解雇（経営危機に置かれた企業が人員
削減のため実施する解雇）が認められた。

　IMF経済危機以後、財閥や金融機関の破綻と構造調整過程で、退職勧奨や
整理解雇などにより、多くの失業者が生まれ、1997年2.6％であった失業率は
1998年には7％に上昇した。失業者の増加とともに、ホームレスという新しい
社会階層が生まれ、1998年からホームレスは社会問題として取り上げられた。
■韓国のIMF経済危機をテーマとした映画として「国家が破産する日」（2018
年）を推薦する。

‖‖‖‖‖‖‖‖　［コラム］　国際通貨基金(IMF：International Monetary Fund)　‖‖‖‖‖‖‖‖

IMFと特別引出権(SDR：Special Drawing Rights)

　IMFは、通貨と為替相場の安定化を目的とした国際連合の専門機関で、1944年7月のブレトン・ウッズ会議で創立が決定、1945年12月に設立された。本部はアメリカ合衆国のワシントンD.C.にある。2022年3月現在の加盟国は190か国である。

　SDRは、1969年にIMFが主要国の通貨を組み合わせて設定した仮想の通貨で、SDRの価値は、5つの通貨(米ドル、ユーロ、中国人民元、日本円、英国ポンド)で構成されたバスケットに基づいて決められる。SDR構成比は(2015年決定案)、米ドル(41.73%)、ユーロ(30.93%)、人民元(10.92%)、日本円(8.33%)、英ポンド(8.09%)である(中国の元は2016年10月からSDR構成通貨となる)。IMF加盟国は外貨資金が不足し、流動性に問題が生じた場合、SDRを引き出して外貨準備高を補完することができる。2022年2月時点で、1SDR=1.40USDである。

IMF融資と構造調整プログラム

　IMFは、財政・経済的危機により対外的な支払い困難(外貨不足)に陥った加盟国に、一時的な外貨貸付で支援している。融資条件として、対象国の緊縮財政、金利引き上げ、市場開放など、対象国の政策改善が求められる。

　1997年アジア経済危機ではタイ、インドネシア、韓国などに、2008年のグローバル経済危機ではアイスランド、ハンガリー、ウクライナ、ラトビアなどに融資を行った。しかし、IMFの厳しい構造調整プログラムにより、アフリカや南米、アジアなどの発展途上国では、景気や失業率が悪化し、社会が混乱に陥った例も多く、問題点が指摘されている。韓国は1997年融資を受けたが、構造調整過程で150万人の大量失業者が生まれた。一方、IMF理事会は2022年3月、ロシアが軍事侵攻したウクライナへの緊急支援14億ドル(約1,800億円)を承認し、通常とは異なり融資に際して条件はおおむね課されなかった。

韓国の経済成果

　韓国経済を資本導入形態によって区分すると、1960年代初まではアメリカの援助に依存する「援助経済」、1960年代からは海外からの借入金（対外負債）に依存する「外資経済」と言える。投資資金を国内貯蓄により調達可能になったのは、1980年代中頃の3低好況を背景に貿易収支が黒字に転換してからである。

　1996年12月にはOECD加盟国となり、2010年1月にはOECD傘下の開発援助委員会（DAC）の加盟国となり、援助を受ける被援助国であった韓国は、60余年ぶりに援助を施す援助供与国となった。国連貿易開発会議（UNCTAD）は1964年以来、韓国を開発途上国グループとして分類してきたが、2021年7月2日、先進国グループへと変更した。

1. 国内総生産（GDP）

　国民所得は1980年代までは国民総生産（GNP）を使ったが、1993年からIMFと国際基準でGDPが使われており、韓国は1995年から中心指標として使っている。国内総生産（GDP：Gross Domestic Product）は、一定期間に国内で生産された財貨・サービスの最終生産物の合計で、国内経済活動の指標として用いる〈図表1〉。

　韓国のGDP成長率は、朝鮮戦争直後である1954年から確認することができる。GDP成長率の長期推移をみると、経済がマイナス成長率を記録したのは、1980年（第2次石油危機）、1998年（IMF経済危機）、2020年（COVID-19パンデミック）の3回である。1979年の第2次石油危機と同年10月26日の朴正煕大統領暗殺事件、1980年5月の全斗煥主導の光州事件の影響で、成長率は1979年2月をピークに後退し、1980年には−1.6％で、初のマイナス成長となった。

図表1 ●国内総生産（GDP）の実質成長率　　　　　　　　　　　　　（単位：%）

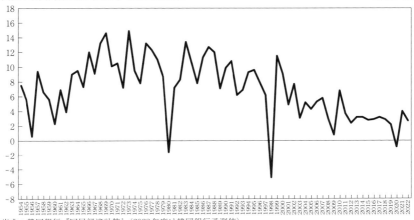

出典：韓国銀行『国民経済計算』（2022年度は韓国銀行予測値）

　1980年代の前半はアメリカのレーガノミックスによる韓国の輸出増加、
1985年の3低（ウォン安・金利安・原油安）によるブームは1988年のソウル・
オリンピックまで続いた。1993年からは輸出増加により再び成長率が高まっ
たが、1996年3月をピークに後退局面に入った。

　1997年経済危機により国際通貨基金（IMF）の緊急融資を受けた1998年には
－5.1％の成長率となったが、ベンチャー企業を中心としたIT景気により、
1999年には11.5％の高い成長率を記録し、2000年には深刻な経済危機から完
全に脱した。

　2003年から始まった盧武鉉政府期間では3〜5％台の低成長が続いた。2007
年にはアメリカのサブプライムローン問題、引き続き2008年9月のリーマン・
ショック（世界同時不況）の影響により、2009年は0.8％の低い成長率となった。
成長率は2010年6.8％をピークに、2011年はヨーロッパ財政危機、2015年は中
東呼吸器症候群（MERS：マーズ）による不況などにより、2〜3％台の低成長率
が続いた。

　2016年には、国際金利安・ウォン安・原油安の新3低（1985年3低）を迎え、
成長率が高まったが、2017年からアメリカの金利引き上げ、低物価、少子化
の進行などにより、2017年をピークに後退局面に入った。

　2020年にはCOVID-19パンデミックにより－1.0％成長率となったが、2021

年は4%成長率まで回復した。ロシアが2022年2月24日に開始したウクライナ
への軍事侵攻による世界経済・交易条件の悪化、原油・原材料価格上昇、同年
3〜5月の中国のコロナ感染封じ込めに向けた都市封鎖措置による中国の経済
成長率低下などの影響により、2022年には2.7%の成長率が見込まれた。

2. 経済規模と国際競争力

1）GDPと1人当たりGDP

　IMF統計によれば、世界の実質国内総生産（GDP）の順位で、韓国は、2017
年11位、2018年10位、2019年12位、2021年10位である。1人当たりGDPは
〈図表2〉、韓国がIMFと世界銀行に加入した1955年には64ドルで、世界最貧
国であった。

　1977年には1,000ドルを突破し、6年後の1983年に2,000ドルを超え、1994年
には1万ドルを超えた（アジアNIEsの中で、香港は1987年、シンガポールは
1989年、台湾が1992年に1万ドルを超えたことに比べれば韓国は多少遅れた
ことになる）。韓国の1人当たりGDPは2006年に2万ドル、2018年には3万ド
ルを超えた。2021年には34,800ドルで、世界30位である。

図表2●1人当たりGDP　　　　　　　　　　　　　（単位：名目US1,000ドル）

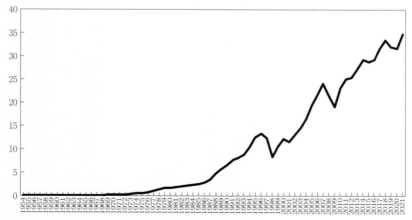

出典：韓国銀行『国民経済計算』により筆者作成

3. 世界経済と韓国

1）経済協力開発機構（OECD）加入

OECDは経済協力開発機構（Organization for Economic Cooperation and Development）の頭文字である。第二次大戦後、アメリカのマーシャル国務長官は経済的に混乱状態にあった欧州各国を救済するための「マーシャル・プラン」を発表した。これを契機として、1948年4月、欧州16か国でOEEC（欧州経済協力機構）が発足したのがOECDの前身である。その後、欧州経済の復興に伴い、1961年にアメリカ及びカナダが加わり、1961年9月30日、新たにOECDが発足された。

OECDは1980年代末から韓国の加入を促してきたが、市場開放圧力がさらに高まることを恐れて韓国政府は積極的な態度を見せなかった。しかし、貿易摩擦と市場開放圧力が次第に強まると、1993年にスタートした金泳三政府は、世界経済の変化に能動的に対応するという名目でOECD加入を積極的に進めた。1995年3月にOECDへ加盟申請書を提出し、1996年10月OECD理事会で韓国の加入が決定され、1996年12月12日に29回目の加盟国となった。2022年現在、OECD加盟国は38か国で、EU加盟国が22か国、その他16か国である。アジアでは日本（1964年4月）、韓国（1996年12月）、イスラエル（2010年9月）の3か国が加盟している。

開発援助委員会（DAC：Development Assistance Committee）はOECD傘下の委員会の一つで、開発途上国への経済援助の検討及び調整などを行う機関である。韓国は2010年1月1日、DACの24番目の加盟国となり（日本は1961年加盟）、援助を受ける被援助国から60余年ぶりに援助を施す国へと地位が変わった。2022年現在、OECDの38加盟国の中、29か国がDAC加盟国である。

2020年DACの29加盟国の政府開発援助（ODA：Official Development Assistance）規模は1,612億ドルで、アメリカが350億ドルで1位、ドイツが280億ドルで2位、イギリスは180億ドルで3位、日本は160億ドルで4位である。韓国のODAは22.5億ドルで、DAC全体加盟国のうち16位である（DAC Statistics on OECD）。

2）アジア太平洋経済協力（APEC）

　アジア太平洋経済協力（APEC：Asia Pacific Economic Cooperation）は、1989年に日本・アメリカ・カナダ・韓国・オーストラリア・ニュージーランド及び当時の東南アジア諸国連合（ASEAN）加盟6か国の計12か国で発足した。現在は、アジア太平洋地域の21の国と地域が参加する経済協力の枠組みである。

　経済規模で世界全体GDPの約5割、世界貿易量及び世界人口の約4割を占める。アジア太平洋地域の持続可能な成長と繁栄に向けて、貿易・投資の自由化、ビジネスの円滑化、人間の安全保障、経済・技術協力等の活動を行っている。

写真●釜山APECハウス、ヌリマル

出典：筆者撮影

　韓国は1991年11月にソウル特別市で第3回、2005年11月には釜山広域市で第17回APEC首脳会議を開催した（日本は1995年11月大阪で第7回、2010年11月横浜で第22回首脳会談を開催）。

　今後の開催国として、2022年タイ、2023年メキシコ、2024年ブルネイ、2025年には韓国・ソウル、2026年にはペルーで決定された。

3）ASEAN+3（韓日中）協力

　ASEANは東南アジア諸国連合（Association of Southeast Asian Nations）の略称である。1967年8月8日、ASEAN4か国（タイ、マレーシア、フィリピン、インドネシア）とシンガポールの5か国外相会議で設立された地域協力機構である。1980年代以降、ブルネイ、カンボジア、ラオス、ミャンマー、ベトナムが加わり1999年に10か国の加入が決まった。

　設立当初はベトナム戦争の「反共」を掲げる親アメリカの連合体という色合いが強かったが、徐々に経済的共同体としての結びつきを強めて、1993年にはASEAN自由貿易協定（AFTA）を発足させ、域内の自由貿易を進めている。2015年には政治・安全保障共同体（APSC）、経済共同体（AEC）、社会・文化共同体（ASCC）から成るASEAN共同体となった。

韓国はASEANと2007年6月に商品貿易協定の発効、2009年にはサービス協定と投資協定を発効し、FTAの範囲を広げてきた。ASEANは現在、韓国の第2の交易相手（1位は中国）、第2の投資相手国（1位はアメリカ）である。

　ASEAN10か国＋韓日中3首脳会議は、1997年夏に始まったアジア通貨経済危機を契機に、クアラルンプールで開催されたASEAN30周年記念の首脳会議に韓国、日本、中国の首脳が招待された形で始まった。

　それ以降、定期的にASEAN＋3による首脳会議と外相会議などが開かれている。2012年からは、外相会議には中央銀行総裁が加わり、ASEAN＋3財務大臣・中央銀行総裁会議として開催されている。

4）主要経済国フォーラム（MEF）

　地球温暖化対策について話し合うための多国間会合で、正式名称は「エネルギーと気候に関する主要経済国フォーラム（MEF：Major Economies Forum on Energy and Climate）である。アメリカのオバマ大統領の提唱により2009年3月に発足した。創設目的は、参加メンバー間で気候変動対策に関する議論を促進し、国連の気候変動交渉において成果を得るために政治的リーダーシップを形成することである。

　主要先進国（G7）と欧州連合（EU）に、韓国などの新興経済国を含め、合計17の国と機関で構成されている。ニュージーランド、シンガポール、サウジアラビアはオブザーバーとして参加している。参加国の二酸化炭素（CO_2）排出量は世界全体の約8割を占めると言われている。二酸化炭素（CO_2）排出量の2021年の世界順位で、1位は中国、2位はアメリカ、3位はインドで、日本は5位、韓国は8位である（IEA：International Energy Agency）。

5）金融世界経済に関する首脳会合（G20サミット）

　世界的に重要な経済・金融問題を協議する国際会議で、正式名称は「金融・世界経済に関する首脳会合」（Summit on Financial Markets and the World Economy）であるが、「金融サミット」とも呼ばれる。会議では金融危機や財政健全化などの世界経済が抱える諸問題のほか、地球温暖化、新型ウイルス、テロ、途上国支援などについても協議される。

写真●G20ソウル首脳会談に出席した各国代表

資料：http://ko.wikipedia.org

そのメンバーである20か国・地域は、主要先進国（G7）にアルゼンチン、オーストラリア、ブラジル、中国、インド、インドネシア、韓国、メキシコ、ロシア、サウジアラビア、南アフリカ、トルコ、欧州連合・欧州中央銀行を加えている。

第1回会合は2008年11月アメリカで開かれ、第5回会合は2010年11月に韓国のソウル、第14回会合は2019年6月に日本の大阪で開かれた。

2022年にはインドネシア、2023年インド、2024年ブラジル、2025年には南アフリカ共和国が開催国となっている。2022年11月会合の開催地であるインドネシアは、東南アジア諸国連合（ASEAN）加盟国の中で唯一G20に参加しており、初めて議長国となった。

図表5●政策協調の枠組み（参加国・地域）

G7	アメリカ、カナダ、イギリス、ドイツ、フランス、イタリア、日本
G8	G7+ロシア（2014年から参加停止）
MEF（17カ国）	G7+韓国、中国、ロシア、インド、インドネシア、オーストラリア、南アフリカ、メキシコ、ブラジル、EU
G20	MEF+サウジアラビア、トルコ、アルゼンチン

注：ロシアは、2014年2月から3月にかけて、ウクライナのクリミア半島を掌握したことにより、2014年3月、G8への参加が停止された。また、2022年2月24日に開始したロシアのウクライナ侵略戦争により、2022年4月に国連国連人権理事会におけるメンバー資格が停止された。

第 *4* 部

国際貿易・為替相場制度

貿易構造

1. 輸入・輸出動向と貿易収支

1）輸出・輸入

　韓国の輸出動向をみると、1956年には2,500万ドル、1961年には4,100万ドルであった（韓国貿易協会統計）。経済開発5か年計画を実施した1962年から輸出が急増し、1964年に1億ドル、1977年には100億ドルを超え、1995年1,250億ドル、2008年4,220億ドル、2011年5,552億ドルへと増加した。2021年の輸出額は6,445億ドルで、史上最高となった〈図表1〉。

　輸出が大幅に減少したのは、2009年のリーマンショックによる世界同時不況、2016年には中国への輸出減少と原油価格下落による輸出単価下落、2019年と2020年は中国への輸出減少が主な原因としてあげられる。

　世界の貿易輸出額順位は（2020年）、韓国は中国、アメリカ、ドイツ、オランダ、日本、香港に次ぎ、世界第7位である。輸入額では（2020年）、韓国はアメリカ、中国、ドイツ、日本、イギリス、オランダ、フランス、香港に次ぎ、世界第9位である（UNCTADデータ）。

　韓国の輸出と輸入を含めた貿易総額は2000年には世界13位であったが、2010年と2011年に9位、2012年には8位となった。2021年の韓国の貿易総額は世界8位で、1位は中国、2位はアメリカで、ドイツ、オランダ、日本、香港、フランスなどが名を連ねている（WTO、2021年上半期）。

　一方、韓国は輸出が増えれば輸入が増える構造になっているため、3低好況（ウォン安・金利安・原油安）であった1986〜1989年を除けば、1980年代までは貿易収支赤字が続いた。貿易黒字に転換したのは1998年からで、世界同時

図表1●輸出額・貿易収支の推移　　　　　　　　　　　　　　　　　（単位：10億ドル）

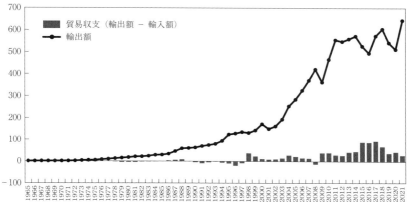

出典：関税庁『貿易統計年報（1991年以前データ）』、韓国貿易協会『SITCによる貿易統計』により筆者作成

不況であった2008年を除けば貿易収支黒字が続いた。2022年上半期は輸出額は好調であったが、ロシアのウクライナ侵攻によるエネルギー価格の急騰で輸入額が増加し、貿易収支赤字は関税庁が貿易統計を電算化した2000年以来最大となった。

2）主な貿易相手国と貿易収支

　〈図表2〉は、2021年の韓国の貿易相手上位10位の国・地域の占める割合である。上位10か国・地域は韓国の貿易総額の67.6％、輸出の70.2％、輸入の64.9％を占めている。韓国の貿易の第1相手国は中国（23.9％）で、次に、アメリカ（13.4％）、日本（6.7％）、ベトナム（6.4％）の順である。10か国・地域の中で、韓国の貿易収支黒字が最も大きい相手国は、中国（香港含む）、ベトナム、アメリカの順である。一方、韓国の貿易収支赤字が最も大きい相手国は、日本、オーストラリアの順である。

3）主な輸出・輸入品目

　韓国の主な輸出品目の変化は韓国の経済発展の歴史を反映している。1960年代の主な輸出品目は、農業、鉱業、水産業など第1次産業産品が大部分を占

図表2●韓国の貿易相手国上位10か国と貿易収支（2021年）

輸出額・輸入額（単位：％、百万ドル）					貿易収支赤字（単位：百万ドル）	
国別順位		輸出入総額	輸出額	輸入額	貿易収支（百万ドル）	国別順位	赤字額（百万ドル）

国別順位		輸出入総額	輸出額	輸入額	貿易収支（百万ドル）	国別順位		赤字額（百万ドル）
1	中国	23.9	25.3	22.5	24,285	1	日本	− 24,580
2	アメリカ	13.4	14.9	11.9	22,689	2	オーストラリア	− 23,167
3	日本	6.7	4.7	8.9	− 24,580	3	サウジアラビア	− 20,947
4	ベトナム	6.4	8.8	3.9	32,763	4	カタール	− 11,191
5	台湾	3.8	3.8	3.8	799	5	ドイツ	− 10,886
6	オーストラリア	3.4	1.5	5.4	− 23,167	6	クウェート	− 7,905
7	香港	3.2	5.8	0.4	35,220	7	ロシア	− 7,377
8	ドイツ	2.6	1.7	3.6	− 10,886	8	イタリア	− 3,409
9	ロシア	2.2	1.5	2.8	− 7,377	9	オランダ	− 3,352
10	シンガポール	2.0	2.2	1.7	3,457	10	アラブ首長国連邦	− 3,344
占める割合（%）		67.6	70.2	64.9			

出典：韓国貿易協会『SITCによる貿易統計』により筆者作成

めた。技術と資本が不足した当時、豊富で安い労働力を利用した軽工業製品として、繊維、履物、かつら、合板などを輸出した。

　1970年代、重化学工業育成政策を実施しながら、製鉄所、造船所、石油化学工場が次々建設され、1980年代にはテレビなどの家電製品、船舶、鉄鋼など、重化学工業製品が輸出品の半分を占めるようになる。1990年代に入ってからの主な輸出品は半導体、自動車、船舶海洋構造物、石油製品などで、これら5大輸出品目は韓国の輸出総額の約4割を占めている〈図表3〉。

　輸出1位の品目は半導体で、2020年には全体輸出額の約2割を占めている。半導体産業はメモリ分野（約35％）と非メモリ分野（約65％）に分かれている。世界半導体市場の約35％を占める半導体メモリであるDRAM・NAND型フラッシュメモリ市場で、韓国の三星電子（4割強）とSKハイニックス（3割弱）が7割強を占めている。

　しかし、世界半導体市場の65％を占める非メモリ分野（半導体の設計・受託生産）では、三星電子の市場シェアは設計では1.5％（アメリカ6割弱、台湾2割）、受託生産（ファウンドリー）では18.3％（台湾6割弱）にすぎない。特に電

図表3 ●韓国の輸出品目上位5位 　　　　　　　　　　　　　　　　　（単位：百万ドル、%）

	1996年		2010年		2020年	
	輸出総額	129,715 （百万ドル）	輸出総額	466,383 （百万ドル）	輸出総額	512,498 （百万ドル）
1	半導体	11.7	半導体	11.0	半導体	19.4
2	自動車	8.1	船舶海洋構造物及び部品	10.1	自動車	7.3
3	船舶海洋構造物及び部品	5.6	有無線電話機	8.1	石油製品	4.7
4	映像機器	0.4	石油製品	6.8	船舶海洋構造物及び部品	3.9
5	コンピュータ	4.2	自動車	6.8	合成樹脂	3.7
5大品目の割合	33.9%		5大品目の割合 42.8%		5大品目の割合 39.0%	

出典：韓国貿易協会『SITCによる貿易統計』により筆者作成

図表4 ●韓国の輸入品目上位5位 　　　　　　　　　　　　　　　　　（単位：百万ドル、%）

	1996年		2010年		2020年	
	輸入総額	150,339 （百万ドル）	輸入総額	425,212 （百万ドル）	輸入総額	467,632 （百万ドル）
1	原油	9.6	原油	16.1	半導体	10.8
2	半導体	7.0	半導体	7.5	原油	9.5
3	金銀と白金	3.9	天然ガス	5.1	半導体製造用機器	3.6
4	石油製品	2.9	石油製品	4.2	天然ガス	3.4
5	コンピュータ	0.0	有無線電話機	4.1	コンピュータ	0.3
5大品目の割合	23.4%		5大品目の割合 47.0%		5大品目の割合 42.7%	

出典：韓国貿易協会『SITCによる貿易統計』により筆者作成

気自動車や5G（第5世代移動通信システム）、AI（人工知能）、IoT（Internet of Things）など、いわゆる「4次産業革命」が本格化し、高性能半導体技術はさらに重要になったことから、今後さらなる投資が求められる。

　輸出2位の品目は自動車と自動車の部分品などで、対アメリカへの輸出が25％を占める。2012年韓米FTA発効により、韓国の自動車関連輸出品に対しての2.5％の関税がなくなり、自動車の対アメリカ輸出は年平均7％増加した。

　韓国の5大輸入品目は（2020年）、原油と天然ガス、半導体と半導体製造用機器などで、全体輸入総額の4割以上を占めている〈図表4〉。第1の輸入品目は原油と天然ガスなどのエネルギーで、全体輸入の約12.9％を占める。韓国の原

油の輸入対象国は、サウジアラビア31％、クウェート16％、イラク14％、アラブ首長国連邦7％、アメリカ6％の順である（2019年、大韓石油協会）。アメリカからの原油とガスの輸入は2012年の韓米FTA発効前はほぼゼロであったが、2015年からアメリカからの原油輸入が始まり、徐々に増加傾向である。

半導体は韓国の第1の輸出品目でありながら第1の輸入品目でもある。半導体関連製品は2020年総輸入額の14％以上を占めており、特に韓国の半導体の輸出が増えると、日本製の高付加核心素材・部品の輸入も急増する仕組みとなっている。

2．対日貿易

1）対日貿易の実態

輸出入総額ベースで（2021年）、韓国の最大貿易相手国は、中国（23.9％）、アメリカ（13.4％）に次ぎ、日本（6.7％）は3番目の貿易相手国である〈図表2〉。一方、日本の主な貿易相手国は、輸出入総額ベースで（2020年）、韓国（5.7％）は、中国（23.9％）・アメリカ（14.7％）に次ぐ3番目の貿易相手国である（日本財務省『貿易統計』）。

図表5●対日輸出額・輸入額が占める割合 （単位：％）

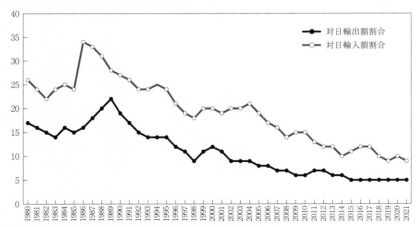

出典：韓国貿易協会『SITCによる貿易統計』により筆者作成

韓国の貿易量と貿易相手国が増えたことにより、対日輸出額・輸入額が占める割合は低下する推移であるが、対日輸入額は対日輸出額の約2倍である〈図表5〉。対日輸出額が占める割合は、1989年21.6％をピークに低下し、2021年4.7％であり、日本からの輸入額が占める割合は、1986年34.4％をピークに低下し、2021年8.9％である。

2）対日貿易収支赤字の背景

　貿易収支面では、韓国にとって、中国は第1位、アメリカは第2位の貿易収支黒字国で、日本は韓国の第1位の貿易収支赤字国である。韓国にとって、対日貿易赤字の削減は長年の課題で、対日貿易収支赤字は1965年の韓日国交正常化以来続いており、対日本貿易で一度も黒字になったことがない。日本に対しては貿易収支不均衡を理由に、1978〜1999年まで、自動車や家電製品等、200〜300種の日本製品の輸入を全面禁止とする「輸入先多辺化品目制度」を実施したこともある。対日貿易収支赤字の原因として、以下の要因があげられる。

　第一に、韓国の1960年代の経済開発初期段階からの輸出指向工業化政策があげられる。韓国は急速な経済成長のために、生産に必要な素材・部品・装備など中間財を輸入に依存し、これを組立・加工して輸出する貿易構造になっている。従って、韓国の輸出が好調であるほど日本からの輸入も増え、日本との

図表6 ●対日輸出額・輸入額と対日貿易収支　　　　　　　　　（単位：億ドル）

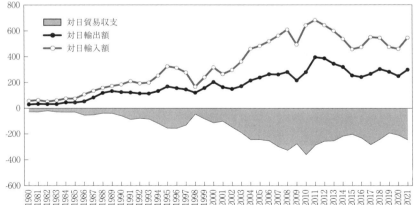

出典：韓国貿易協会『SITCによる貿易統計』により筆者作成

貿易収支赤字は大きくなる仕組みとなった。

　素材・部品の日本からの輸入比率は2003年28％をピークに徐々に低下し、日本が韓国への輸出規制を始めた2019年には15.9％、2021年第1四半期には15％まで下がった（産業通商資源部「素材・部品総合情報網」）。しかし、日本製は高付加価値を持ち、代替が難しい品目も多く、2019年から対日貿易収支赤字はむしろ大きくなっている〈図表6〉。

　第二に、韓国の中小企業の基盤が弱い。韓国は高度成長初期段階から、成長の牽引役として一部の財閥企業への政策的支援を強化してきた。日本は中小・中堅企業中心の素材産業及び製造業基盤産業が均等に発展した産業構造を持っているのに対し、韓国の中小企業の研究開発への投資は非常に少なく、グローバル競争力のある固有技術を確保している中小企業は少ない。

　第三に、韓国と日本の産業構造の不均衡があげられる。日本の主な輸出品は乗用車、半導体、電子製品など高付加価値製品であるが、韓国の輸出品目は、半導体以外は技術と付加価値が比較的低い船舶、機械、鉄鋼などである。韓国の輸出品目1位である半導体の場合も、製造に必要な核心部品は日本からの輸入に依存しているため、半導体は韓国の輸入品目の1位でもある〈図表3〉。

　2019年7月に、日本政府が韓国の主力輸出品である半導体など材料3品目である「フッ化ポリイミド」（スマートフォンなどの画面に使う）、「レジスト」と「フッ化水素」（スマホやテレビなど電気製品製造に使う）の韓国向けの輸出規制措置を発動したことを受け、危機感を感じた韓国政府は、「素材・部品・装備競争力強化対策」を発表し、日本への依存度が高い半導体の素材や部品、製造装置の国産化に集中投資し、調達先の多角化に向けた支援に乗り出した。しかし、韓国の最先端の半導体生産には日本企業の高純度品は不可欠なもので、韓日対立が長期化すれば、韓国の半導体輸出業績にも影響を与えることになる。

3.　経済のグローバル化と貿易依存度

　経済のグローバル化の進行とともに、世界経済はさらに相互関係を持つようになり、より競争的になっている。貿易額（輸出額と輸入額の合計）が国民所得に占める割合である貿易依存度は1960年代から高まり続けたが、1980年代に

図表7 ●韓国の貿易依存度 (単位：%)

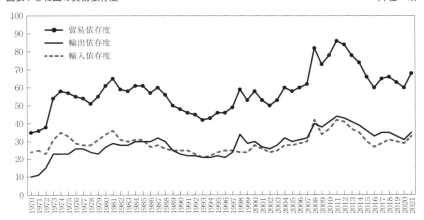

出典：韓国銀行『国民経済計算』、韓国貿易協会『SITCによる貿易統計』により筆者作成
注：1）貿易依存度はGDPに対する貿易額の比率（貿易額にサービス輸出・輸入は含まない）、2）名目GDP
　　と輸出額と輸入額はドル表示額。

図表8 ●実質GDP上位10か国の貿易依存度（2020年） (単位：%)

	実質GDP順位	貿易依存度		実質GDP順位	貿易依存度
1	アメリカ	17.99	6	インド	24.51
2	中国	30.40	7	フランス	41.15
3	日本	24.75	8	ブラジル	27.37
4	ドイツ	66.04	9	イタリア	45.75
5	イギリス	34.92	10	韓国	58.35

出典：UN-United Nations Statistics Division、UN Conference on Trade and Development
注：貿易依存度はGDPに対する貿易額の比率。貿易額にサービス輸出・輸入は含まない。

入ってからは低下傾向であった。1990年代に入ってからは世界経済のグロー
バル化とともに再び高まったが、2011年86.1％をピークに低下し、2021年67.8
％である〈図表7〉。

　貿易依存度は一国の経済における外国貿易の依存度を表す指標で、その国の
国民所得、人口、産業構造、貿易政策などによって異なる。2020年実質GDP
上位10か国の貿易依存度をみると、アメリカ（19.99％）と日本（24.75％）は低く、
韓国（58.35％）とドイツ（66.04％）は高いほうである〈図表8〉。

　韓国政府が輸出主導政策を積極的に進めてきたのは、天然資源が乏しく、国

内市場が狭いことがあげられる。経済開発初期から素材や部品を輸入し、輸出品を生産する仕組みをとってきたので、輸出依存度と輸入依存度はともに高まってきた。

　貿易依存度が高いということは、韓国経済が為替レートの急激な変動、1997年のアジア経済危機、2007年アメリカのサブプライムローン問題で始まった2008年の世界同時不況など、海外で発生した衝撃によって大きく影響を受ける可能性が高いことを意味する。輸入依存度が高い場合、特に輸入品目の国際価格が上昇する場合、生産や消費が減少することになり、輸出依存度が高い場合、海外市場の景気変動によって国内景気が大きく影響を受けることになる。韓国は今後、輸出競争力を高めながら、国内所得増加による内需増加、海外経済のショックに影響を少なく受ける経済構造作りが必要である。

第**12**講

外国為替取引制度と外国為替相場制度

1. 外国為替取引制度

　韓国の外国為替取引制度は、経済発展と国際経済環境の変化に合わせて5回変更された。大きくは、1961年制定された「外国為替管理法」（原則、規制）を実施した時期と、1999年制定された「外国為替取引法」（原則、自由化）を実施している時期と分けられる。

1) 開放から1950年代まで

　1946年1月、軍政法令第39号「対外貿易規則」の制定、引き続き軍政法令第93号「外国との交易統制」が制定され、外国貿易及び国内での外国為替取引、対外債権・対外債務と関連したすべての取引において厳しい「免許制」が実施された。1948年韓国政府樹立後は、1949年6月に「対外貿易取引及び外国為替り扱い規則」を制定・公布し、外国為替取引は政府の許可を受けた者に限られていた。1950年5月「韓国銀行法」制定をきっかけに、韓国銀行が為替業務を担当した。

2) 1960～1980年代

　1960年代に入ってからは、輸出増加により、輸出業者の外貨獲得が増えたので、1961年12月に「外国為替管理法」を制定し、従来の複雑な法体系を簡素化するとともに、外国為替取引は管理法に基づき原則規制し、例外的な場合に限って許可した。また、外国為替業務は韓国銀行だけが行ったが、1962年4月に5つの都市銀行が政府の承認を得て外国為替業務を開始した。

輸出主導の経済政策とともに、増加した対外取引を円滑に支援するため、1966年7月「韓国外国外為銀行法」制定に基づき、1967年1月には特殊銀行として「韓国外国為替銀行」が設立され、韓国銀行が行ってきた外国為替業務を引き継いだ(1989年12月「韓国外国為替銀行法」廃止により、韓国外国為替銀行は普通銀行に転換された。2015年9月、韓国外国為替銀行とハナ銀行が合併し、KEBハナ銀行となった)。

　1985年3低好況により、経常収支が黒字に転換され、海外からの資金流入が増加したので、外国為替取引に関しての制限が緩和された。1988年11月には「IMF8条国」(IMF協定第8条の規定が定めた義務の履行を受諾した国)への移行により(日本は1964年移行)、経常取引における支払いに対する制限の回避、複数為替相場制度のような差別的通貨措置の回避、他の加盟国保有の自国通貨残高の交換性維持が義務付けられた。

3)1990年代以降

　1996年12月にはOECD加盟とともに、外国為替制度を整備する必要性が提起された。特に1997年12月のIMF経済危機後は、IMFの勧告を受けて、1999年4月には1961年制定された「外国為替管理法」(規制が原則、許可は例外的な場合のみ)を廃止し、外貨取引の自由化を主な内容とする「外国為替取引法」(経常取引は完全に自由化、資本取引は申告制)を制定し、施行した。

　「外国為替取引法」施行に基づき、1999年4月の第1段階の自由化措置では「企業及び金融機関」の外国為替取引が自由となり、2001年1月の第2段階自由化措置では外貨送金限度を廃止するなど、「個人」の外国為替取引を自由化した。

　また、2002年4月には韓国を東アジア金融ハブにする構想が動き出し、一部残っていた外国為替規制を2011年まで3段階に分けて完全自由化する「外国為替市場中長期発展方針」が発表された。この外国為替取引の自由化の推進日程は、2008年度のグローバル金融危機により暫定的に見合わせられたが、2015年度から再び進められている。

2. 外国為替相場制度

1）固定相場制（1945年10月～1964年5月）

　1945年の解放から1964年までは公定為替相場（1946年10月、米軍政府が援助及び対民間債務返済に適用した相場で、一般取引には適用しなかった）を中心とした「固定相場制度」（為替相場変動を一定範囲内に固定）で、「複数為替相場制」と「単一為替相場」を交替しながら施行した。1948年10月には、政府保有外貨には公正為替相場を、一般為替取引には一般為替相場を適用する「複数為替相場制」を適用した。1962年6月に通貨改革を実施しながら、為替相場も「単一為替相場制」へと一本化された。

2）単一変動相場制（1964年5月～1980年2月）

　1964年5月には、当時1ドル130ウォンであった公定為替相場（通貨当局が定めた相場）を255ウォンを下限とする「単一変動相場制」へと移行した。また、固定相場制を維持しながら、国際情勢と貿易収支赤字の状況を反映し、通貨当局は数回、ウォン安の相場変動を行った。

3）複数通貨バスケット制（1980年2月～1990年2月）

　韓国では1970年代末までは米ドルに対してウォン価値を連動させて相場を決める仕組み（ドルペグ）であったが、1980年2月には「複数通貨バスケット制」を導入した。ウォン相場をSDR（IMF特別引出権）と米ドルを含めた主要交易相手国通貨の価値変動に連動させた。

　複数通貨バスケット制度は、為替制度が固定為替制度から変動相場制度へと移行する前の過渡期的な制度で、制限された変動相場制である（中国は、1994年から固定相場制であったが、2005年7月から複数通貨バスケット制となった）。

　この制度による問題は、市場実勢を反映し、通貨当局が為替相場を意図的に決めることができることである。韓国は1980年代から1990年代にかけて、アメリカ議会から為替相場を不当に操作している国（為替操作国）として認定され非難を受けたので、1990年3月には市場平均相場制度に移行した。

4)市場平均相場制（1990年3月～1997年12月）

　1990年3月から「市場平均為替相場制」が施行された。この制度では、為替相場は、外国為替銀行間で取引された複数の相場を取引量で加重平均して基準相場とし、この基準相場を中心としてウォン相場の上下変動幅が制限された。当時、国際収支が不安定で、国内金融市場も十分に発達していなかったため、為替相場の不安定性が大きくなる可能性に備える必要があったのである。制度導入当時には、1日の為替変動制限幅は基準相場を中心に上下0.4％で設定されたが、その後、徐々に変動制限幅が拡大された。

5)変動相場制（1997年12月～現在）

　1997年11月、経済危機に直面し、相場の上下変動幅を10％で大幅に拡大したが、1997年12月には変動制限幅を完全に廃止し「変動相場制」へ移行した（日本は1973年2月に固定相場制から変動相場制に移行）。為替相場は外国為替市場での需要と供給の変動によって決まるが、ただ為替相場が一時的な衝撃で短期間に急騰落する場合は、通貨当局が為替市場に介入して為替の変動速度を調節する。

図表1 ● 1日為替相場の変動制限幅の推移

年度	1990.3	1991.9	1992.7	1993.10	1994.11	1995.12	1997.11	1997.12
変動幅	± 0.4	± 0.6	± 0.8	± 1.0	± 1.5	± 2.25	± 10.0	廃止

出典：www.index.go.kr、統計庁HP

|||||||||||||||||　［コラム］　米ドル高・韓国ウォン安が韓国経済に及ぼす効果　|||||||||||||||||

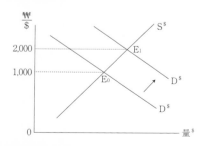

1ドル＝1,000ウォン

　　　⇒1ドル＝2,000ウォン

▷輸出↑、輸入↓

▷輸入価格上昇で国内インフレーション

▷外債負担増加

3. 為替相場（為替レート）

1）韓国ウォン・米ドル相場の推移

　ウォン・ドルの為替レートの変動幅は1997年経済危機以前には大きくなかったが、1997年12月に変動相場制度へ移行してからウォン・レートは対内外の政治経済情勢、韓米間の基準金利差、国際原材料価格、韓国の経常収支などに大きく影響を受けて変動している。

　特に1997年9月には1ドル900ウォンであったレートは、経済危機となった1997年12月には1ドル1,695ウォンまで暴落した。その後、IMF緊急融資が決定されたこと、1998年1月には短期債務返済の繰り延べが決定されたこと、1998年からの大幅な経常収支黒字、外国人投資資金の流入増加などにより、1998年には1ドル1,000〜1,300ウォン台で安定した。

　その後、2001年のアメリカでの9・11テロ事件、2003年3月のイラク戦争、2008年9月のリーマン・ショックと世界金融危機、2022年のロシアのウクライナ侵攻の時は急速なウォン安ドル高が進行した。

図表2●為替相場

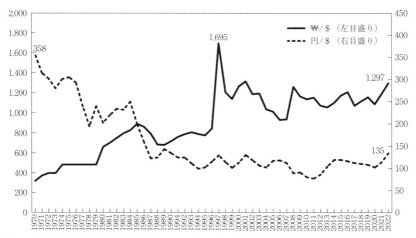

出典：企画財政部『通貨別為替調査統計』により筆者作成

2)日本円・米ドルレート推移と韓国経済

①為替レートと韓国経済

　世界市場で韓国と日本の製品が競争を繰り広げていることから、韓国ウォン・日本円のレートだけでなく、米ドル・日本円のレートの急速な変動は韓国経済に大きな影響を及ぼす。例えば、1985年のプラザ合意による円高・ドル安、1995年の円安・ドル高があげられる。

　一方、韓国はウォン高・円安になると輸出品の価格競争力が大きく下落する。特に世界市場で日本企業と競合する韓国の自動車、鉄鋼、造船産業への打撃が大きい。ウォン安・円高は韓国輸出企業の価格競争力を高める効果がある。しかし、急激に円高が進むと、韓国企業は日本から素材・部品を大量に輸入しているため、韓国の貿易収支の赤字幅は拡大する傾向がある。

②1985年の円高・ドル安と韓国経済

　1980年代、アメリカは貿易赤字や財政赤字という双子の赤字に悩んだ。アメリカ政府は1985年9月22日、ニューヨークのプラザホテルで開催されたアメリカやイギリス、ドイツ、フランス、日本の主要5か国(G5)財務大臣や中央銀行総裁が集まった会議で、アメリカ財務長官は、ドル高の是正を要求し、「プラザ合意」を引き出した。アメリカの貿易収支の改善に向け、日本円やドイツマルクなどの主要通貨の切り上げを誘導したのである。

　1ドル260円台だった円・ドル相場は、プラザ合意の影響を受け、同年11月には200円台に、1986年夏には170円台に、1987年末は1ドル122円台へと急騰した。プラザ合意による円高により、日本は「円高不況」に陥り、企業の海外進出やコスト削減によって急激な円高を克服したが、後日、日本のバブル経済を招いた。一方、円高は1986〜88年の韓国経済の「3低好況」をもたらした。

③1995年の円安・ドル高と韓国経済

　1990年に160円水準まで戻した円相場は、その後5年間にわたって再び円高傾向が強まり、1995年4月には1ドル79円75銭で、初めて80円を割り込み史上最高値をつけた。この円高の背景は、1980年代後半に積極的に海外投資をした機関投資家が急激な円高によって巨額の為替差損を抱えた海外資産を売却

したこと、バブルが崩壊した日本経済の内需が冷え込んだため輸入が落ち込み、貿易黒字が増加傾向を示したことである。

あまりにも急激な円高に危機感を強めた先進主要国は1995年4月にG7会議をワシントンD.C.で開催し、円安の誘導に合意する。1985年プラザ合意とはまったく逆のドル高・円安政策をとったので、これは「逆プラザ合意」と呼ばれている。また、日本の大蔵省が「対外投融資促進策」を打ち出すなどの円安対策を示し、為替市場でも主要各国が円売りの協調介入を実施したことから、円は1995年9月には1ドル100円水準まで値を下げた。

1995年以降の円安・ドル高により韓国の輸出競争力は大きく低下し、1997年の韓国の通貨危機の要因の一つになった。

4. 外貨準備高

1)外貨準備高の推移

外貨準備(foreign reserve)とは、外国為替相場を安定させる目的で、政府と中央銀行が外貨を保有することで、保有している外貨の量を外貨準備高という。金融当局は、対外債務の返済、輸入代金の決済のほか、自国通貨の為替相場の急変動を防ぎ貿易等の国際取引を円滑にするために外貨準備を行う。

外貨準備高は一国家の対外支払能力を表す指標で、外貨準備高が非常に少ない場合には対外債務を返済することができない債務不履行(デフォルト)状態に陥る心配もある。外貨準備高の適正水準については一律に言えないが、「外貨準備保有高／輸入額」は輸入の3か月分以上、「外貨準備保有高／短期債務残高」は1年分相当、と言われている。

韓国経済は小規模の開放経済であるゆえ、十分な水準の外貨準備高を維持することは対外信頼を高め危機再発を防止するために非常に重要である。韓国は過去2回、世界金融市場不安定により、ドルの海外流出を経験したことがある。

1997年アジア経済危機の時には、外貨準備高は89億ドルまで低下し、債務不履行の危機に追い込まれた。この時の主な原因は、短期債務が多かったこと、また、外貨準備高に10年以上の長期債権、信用度が低い開発途上国向け債権が含まれたことがあげられる〈図表3〉。

2008年9月のリーマン・ブラザーズの破綻に端を発したアメリカ発のグローバル金融危機の時には、保有外貨の大半を株式や債券に投資したのが原因で、2008年3月に2,600億ドル以上あった外貨準備高は8か月間で600億ドル以上減少した。結局、2008年10月にアメリカとの通貨スワップ協定に基づき、200億ドル近い支援を受け、ようやく危機を脱した（朝鮮日報2016年1月22日）。

　その後、外貨準備高は順調に伸び、2015年には3,680億ドルで世界6位水準まで高まった。2021年の韓国の外貨準備高は4,631億ドルで、中国（32,180億ドル）、日本（14,050億ドル）、スイス（10,862億ドル）、インド（6,400億ドル）、ロシア、台湾、香港に次ぎ、世界8位水準である。韓国の2021年の外貨準備高を資産別にみれば、SDRが151億9,000万ドル、国債・会社債など有価証券が4,183億ドルである。

2）外貨準備高と短期対外債務比率

　短期対外債務比率とは、対外債務のうち、返済期間が1年以内の短期債務が外貨準備高に占める比率である。特に短期債務の増加は国家の外貨流動性危機を引き起こし、債務返済不能につながる可能性を高めることから、短期対外債務比率は国の対外債務返済能力を示す指標である。

図表3 ●外貨準備高・短期対外債務比率

出典：韓国銀行（ECOS経済統計システム）、韓国銀行『対外債務及び対外債権』

韓国の短期対外債務比率は、1997年には286.1％を占め、経済危機をもたらした原因の一つと指摘された。1998年には67.5％まで低下し、その後、30％台を維持したが、2008年のグローバル金融危機の際は72.4％まで高まった。2012年からは再び30％台で安定し、2021年35.5％である〈図表3〉。

|||||||||||| ［コラム］　外国為替平衡基金（Exchange Equalization Fund）||||||||||||

　韓国の外貨準備は、政府（外国為替平衡基金）と韓国銀行が保有している外貨、海外及び国内保有金などで構成される（日本では、財務省「外国為替資金特別会計」と日本銀行が外貨準備を保有）。

　外国為替平衡基金は、為替レートの安定を目的に政府が直接・間接的に外国為替市場において外貨（主にドル）の売買を行うための為替安定化基金である。また、外国為替平衡基金債券は、為替市場の安定を図るための基金の財源を調達するために政府が発行する債券である。企画財政部は外貨の需給上、緊急事態であると認める場合に、資金調達策として外国為替平衡基金債券を発行することができる。

　韓国政府と韓国銀行は1997年に変動相場制への移行後、外貨準備高を増やし、金融・為替市場の不安に対応する手段として債券発行を行うことが多かった。また、ウォン高が急速に進むとき、ウォンの変動を抑え、輸出企業の価格競争力を高めるため巨額のウォン売り・ドル買いで為替介入に踏み切ることがある。

|||||||||||||||||||||||||||||||||||||||||||||||||||||||||||||||||||||||||||||||||||||||||||||||||||||||||||||||||||||||||||||||||||||||

自由貿易協定

1. 自由貿易協定の拡大

　1930年代の世界恐慌とそれに伴う保護貿易主義の台頭が第二次世界大戦の一因となったとの反省をふまえ、円滑な国際貿易を実現するために、1944年のブレトン・ウッズ体制の枠組みに基づき、国際通貨基金(IMF)や国際復興開発銀行(IBRD)とともに戦後の国際経済体制を支える重要な柱として1948年に関税及び貿易に関する一般協定(GATT：General Agreement on Tariffs and Trade)が発効され、自由貿易拡大を目指してきた。さらにGATTを発展させて、1995年1月1日、世界貿易機関(WTO：World Trade Organization)が設立され、国家間のグローバルな貿易のルール作りや貿易紛争の処理を担ってきた。

　WTOは全加盟国と地域の「全会一致」が原則であるが、WTOには164か国・地域が加盟しているため(2020年)、利害関係が複雑で、新たな国際取引と貿易政策に関するルール作りがなかなか進まない。そこで、利害が一致する「二国間での交渉」である自由貿易協定(FTA：Free Trade Agreement)や経済連携協定(EPA：Economic Partnership Agreement)が主流になり、交渉内容も関税撤廃・削減、サービス貿易の自由化だけでなく、知識財産権保護、投資の拡大等、幅広い経済関係の強化を目的とする協定を目指している。また、交渉形態も2国間ではなく、多国間の交渉も増えてきた。

　世界のFTA発効件数は、1990年以前はわずか16件程度に過ぎなかったが、1990年代の10年間に50件増加し、特に2000年以降は発効件数が急速に増えた。JETROの調査によれば、世界のFTA発効件数は2019年320件、2021年1月末時点では357件である。

図表1 ●韓国のFTAの18発効件数と意義（2022年2月）

	FTA発効国	発効年度	意義		FTA発効国	発効年度	意義
1	チリ	2004年4月	最初のFTA・中南米市場の拠点	10	オーストラリア	2014年12月	資源富国・オセアニア主要市場
2	シンガポール	2006年3月	ASEAN市場の拠点	11	カナダ	2015年1月	北米先進市場
3	EFTA（欧州自由貿易連合4か国）	2006年9月	ヨーロッパ市場の拠点	12	中国	2015年12月	韓国の第一交易相手国（2022年基準）
4	ASEAN（東南アジア諸国連合10か国）	2007年6月（商品貿易協定）2009年5月（サービス協定）2009年9月（投資協定）	巨大経済圏と締結した最初のFTA	13	ニュージーランド	2015年12月	オセアニア主要市場
5	インド	2010年1月	BRICs4か国巨大市場	14	ベトナム	2015年12月	韓国の第4位投資国（2020年基準）
6	EU（欧州連合27か国）	2011年7月暫定 2015年12月全体	巨大先進経済圏	15	コロンビア	2016年7月	中南米の新興市場
7	ペルー	2011年8月	中南米市場の拠点	16	中央アメリカ5か国	2019年10月	中央アメリカ市場進出
8	アメリカ	2012年3月発効 2019年1月改正	GDP基準世界最大経済圏	17	イギリス	2021年1月	韓英間の通商関係の連続性と安定性の確保
9	トルコ	2013年5月（商品基本協定・貿易協定）2018年8月（サービス・投資協定）	ヨーロッパ・中央アジア進出拠点	18	RCEP（地域的な包括的経済連携協定15か国）	2022年2月	東アジアの経済統合に貢献

出典：https://www.fta.go.kr「韓国政府FTA」により筆者作成
注：1）EFTA（欧州自由貿易連合4か国：スイス、ノルウェー、アイスランド、リヒテンシュタイン）、2）ASEAN（東南アジア諸国連合10か国：マレーシア、シンガポール、ベトナム、ミャンマー、インドネシア、フィリピン、ブルネイ、ラオス、カンボジア、タイ）、3）BRICs（4か国：ブラジル、ロシア、インド、中国）、3）中央アメリカ5か国（ニカラグア、ホンジュラス、コスタリカ、エルサルバドル、パナマ）、4）RCEP（地域的な包括的経済連携協定15か国：ASEAN10か国、韓国、中国、日本、オーストラリア、ニュージーランド）。

2. 韓国のFTA締結実態

　韓国政府は世界的なFTA拡大傾向に対応するとともに、安定的に海外市場を確保し、韓国経済の競争力を高めるとの趣旨でFTAを積極的に進めてきた。韓国のFTA締結は2004年から始まり、2022年6月の時点で18件58か国とFTAを締結している（同年、日本は20件のFTAとEPA発効済み）〈図表1〉。その他、5件のFTAが署名・妥結済みであり、6件は交渉中である〈図表2〉

図表2●韓国のFTA署名・妥結件数（2022年2月）

	対象国	署名・妥結済み	意義	交渉中6件
1	インドネシアCEPA	2020年12月署名	東南アジア市場進出	・韓中日FTA
2	イスラエル	2021年5月署名	創業国家成長モデル	・韓エクアドルSECA
3	カンボジア	2021年10月署名	東南アジア市場進出	・韓MERCOSUR FTA
4	フィリピン	2021年10月妥結	東南アジア市場進出	・韓ロシアFTA ・韓マレーシアFTA
5	シンガポールDPA	2021年12月妥結	デジタル交易活性化	・韓ウズベキスタンSTEP

出典：https://www.fta.go.kr「韓国政府FTA」

3. 韓国のRCEP発効の意義

　地域間包括的経済連携協定（RCEP：Regional Comprehensive Economic Partnership）（通称、アールセップ）は、東南アジア諸国連合加盟10か国に、韓国、日本、中国、オーストラリア、ニュージーランドの5か国を含めた計15か国が参加する多国間の自由貿易協定で、世界のGDP、貿易総額、人口の約3割を占める。

　2012年11月の交渉開始宣言以来、インドを含めて16か国が交渉を進めてきたが、2019年11月の第3回RCEP首脳会議で、インドは離脱を表明した（インドの離脱理由は、巨額の対中貿易赤字を抱えているが、関税の引き下げによって、さらに中国製品が流入すると、インド国内産業が打撃を受ける恐れがあるため）。2020年11月15日、15か国が全20分野の交渉を妥結し、協定署名を経て、2022年1月1日に日本を含む10か国で発効された。韓国では2021年12月

にRCEP協定の批准同意案が国会本会議で可決され、2022年2月に発効された。

　韓国はRCEP参加国のほとんどとすでに2国間FTAが発効済みであるので、RCEP発効による今後の影響は大きくないとの見通しもあるが、韓国にとっての貿易相手国（貿易額）の第1位である中国、第3位の日本と結ぶ初めての協定である点で意味が大きい。日本にとっても貿易額で1位の中国、3位の韓国と結ぶ初の協定である。中国はアメリカとの対立が続くなか、RCEP発効により中国の存在感が増すとみられる。

4.　CPTPPと韓国の加盟申請

　環太平洋連携に関する包括的および先進的な協定（CPTPP：Comprehensive and Progressive Agreement for Trans-Pacific Partnership）（通称、TPP11）は、日本、オーストラリア、ニュージーランドなどアジア太平洋地域の11か国が加入した多国間の大規模自由貿易圏で、2018年12月発効された。世界GDPの約13%、世界貿易の15%を占める。

　アメリカ主導下でTPPの12か国の交渉を進めたが、2017年にアメリカのトランプ政権が離脱を宣言し、名称もCPTPPに変更し、2018年12月、オーストラリア、ブルネイ、カナダ、チリ、日本、マレーシア、メキシコ、ニュージーランド、ペルー、シンガポール、ベトナムの11か国によって発効された。

　韓国がこれまで加盟を申請しなかったのは、CPTPP協定締結当時、韓国は11か国のうち日本とメキシコを除く9か国とすでにFTA締結済みであり、2022年1月にはRCEP協定に韓国と日本が加入することになり、事実上、韓国と日本はFTAを結んだ効果が得られたためであった。

　韓国政府は2022年4月15日に加盟を申請することを決定した（加盟するためには全加盟国の同意が必要で、加盟までには1年以上かかる）。韓国が加盟申請を決定した理由は、米・中貿易紛争や2022年2月のロシアのウクライナ侵攻など急変する国際情勢の中で、原材料輸入など国際サプライチェーン（供給網）の確保の重要性が高まっていることから、CPTPPに加盟することによって、資源と市場確保を比較的容易にするためである。

　特に中国、台湾、イギリス、エクアドルが2021年に加盟を申請しただけに、

競争力確保のためにも加盟の必要性が提起されてきた。また、韓国の中南米最大の輸出市場であるメキシコ市場シェアを高める効果も得られる（韓国とメキシコとは貿易協定がなく、韓国産の自動車、鉄鋼などの輸出品に関税が付く）。

　CPTPPが世界貿易で占める割合も大きいが、より魅力的なのは多国間貿易協定の中でも最高水準の関税撤廃率である。関税撤廃率は、品目数ベースと貿易額ベースともに100％である。韓国はCPTPPに加盟すれば、韓国の実質GDPが最大0.35％まで高まることが予想されている。

5. IPEFと韓国

　インド太平洋経済枠組み（IPEF：Indo-Pacific Economic Framework）は、アメリカのバイデン大統領が2021年10月に提案したアメリカ主導のインド・太平洋地域の新しい経済協議体で、2022年5月23日、アメリカ、日本、韓国を含む13か国で立ち上げられた。バイデン政権は、オバマ政権が主導したがトランプ政権が脱退した中国主導のCPTPPには再加入しないという立場である。

　世界人口の30％、GDPの40％を占めるIPEFは、アメリカ主導の経済協議体で、中国経済圏構想「一帯一路」に対抗することを目指している。まだ、IPEFの推進課題などは明らかにしていない状態であるが、経済協力分野では

図表3●アジア圏を含む経済協力及び自由貿易協定

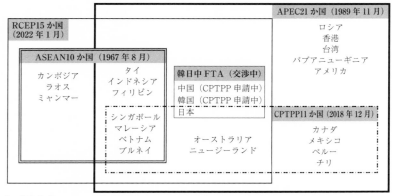

出典：筆者作成
注：各機構は設立年度、自由貿易協定は発効年度、会員国数は2022年7月時点である。

デジタル経済、労働や環境に配慮した貿易ルール、サプライチェーン（供給網）再編、脱炭素化を盛り込んでいる。

6. 韓国のFTA締結と貿易収支

　韓国は2020年に、FTA発効国との貿易では603億ドルの黒字を記録したが、非発効国との貿易では150億ドルの赤字を記録した。特に、対ASEAN貿易黒字は342億ドルで1位を記録し、巨大経済圏のASEANとの貿易の重要性が高まった。しかし、FTA発効国の中、欧州連合（EU）との貿易では貿易収支赤字が多い（2021年、関税庁資料）。

　2022年時点で18件のFTA締結国の中で、個別国との貿易収支をみると〈図表4〉、貿易黒字の1位はベトナム、中国2位、アメリカ3位である。中国とのFTAは2015年締結しており、中国は韓国の第1位貿易相手国であり、第2位黒字国である。ベトナムとは2015年12月にFTAを発効しており、韓国の第4位の貿易相手国であり、第1位の貿易収支黒字国である。

　韓国はアメリカとFTAを締結した東アジアの最初の国で、2006年に交渉を開始し2012年発効した。アメリカは韓国の第3位の貿易相手国であり、貿易収支黒字が続いている。FTAを発効してから2022年までの10年間、アメリカへ

図表4 ●韓国のFTA締結国の中、韓国の貿易収支の黒字・赤字の相手国（2021年）（単位：10億ドル）

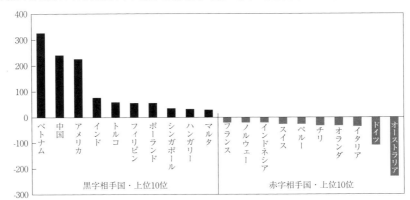

出典：韓国貿易協会『SITCによる貿易統計』（2021年）により筆者作成

の輸出は年平均5.5％、輸入も5.1％増えており、貿易収支黒字は116億ドルから227億ドルとなった。

　貿易収支赤字上位10か国をみると、オーストラリア、ドイツ、イタリア、オランダの順で、特に、対オーストラリアとの貿易収支赤字が最も大きい。韓国がオーストラリアから輸入する製品のうち、石炭は全体輸入の28.1％、鉄鉱石は27.5％を占めている。石炭と鉄鉱石の価格が上昇すれば韓国の原材料輸入負担が大きくなり、赤字幅はより大きくなる。

|||||||||||||||||||||||||||||||　［コラム］　FTA、EPA、CPTPP、RCEP　|||||||||||||||||||||||||||||||

・**FTA**（Free Trade Agreement：自由貿易協定）：2国間（特定の国や地域間）で、モノの関税やサービス貿易の障壁などを削減・撤廃することを目的とする協定。

・**EPA**（Economic Partnership Agreement：経済連携協定）：FTAを柱に、人の移動、知的財産の保護、投資などのルール作りなども含めた幅広い経済関係の強化を目的とする協定（EPAはFTAと概念は基本的に同じであり、EPAは日本の和製英語である）。

・**CPTPP**（Trans-Pacific Partnership：環太平洋経済連携協定）

・**RCEP**（Regional Comprehensive Economic Partnership：地域間包括的経済連携協定）：多国間の貿易協定である。原則すべての品目について100％の関税撤廃率を適用。

FTA	物品の関税やサービス貿易の障壁等を削減・撤廃	・2国間（特定の国や地域間）協定 ・交渉次第で特定品目に関して例外措置をとることができる。
EPA	物品の関税、サービス貿易の障壁等を削減・撤廃 ＋ 投資規制撤廃、人的交流の拡大、知的財産保護など	
CPTPP RCEP	合意内容はEPAとほぼ同じ	・多国間貿易協定 ・例外品目を認めない。原則、すべての品目について即時または段階的な関税撤廃率は100％である

||||||||||||||||||||||||||||||||||||||||||||||||||||||||||||||||||||||||||||||||||||||||||||||||||||||||||||||

第 **5** 部

企業構造

大企業

1. 企業集団と財閥

　企業は大きく中小企業、中堅企業、大企業に区分することができる。中小企業の定義に関しては、中小企業基本法第2条（1966年制定・施行）に定められている。中堅企業は2011年7月制定した「産業発展法」で初めて定義され、以後「中堅企業成長促進及び競争力強化に関する特別法」（略称、中堅企業特別法）制定（2014年1月制定・7月施行）により再定義され、広く使われるようになった。同法第2条に基づき、中堅企業とは、中小企業、公正取引法上の相互出資制限企業集団と所属会社、公共機関、地方公企業ではない企業である。中小企業と同じく規模別基準と独立性基準を設けている。

　一方、韓国では、大企業の定義は法的に厳密に定義されておらず、「独占規制及び公正取引に関する法律」（略称、公正取引法）に基づく企業集団が大企業に相応する。公正取引法は、企業の経済力の集中防止、不当な取引制限及び不公正な取引を禁止し、公正かつ自由な競争を促進するための法律で、1980年12月制定（1981年4月施行）された（日本では1947年、中国では2007年制定）。この法律に基づく事務を独立して遂行するために、公正取引委員会が設けられた。

　公正取引委員会は大規模企業集団（グループ）の所有支配構造及び経営行動改善を誘導する目的で、毎年5月1日に企業集団を公示している。1987年から2001年までは、企業集団所属会社の「資産総額合計額」を基準とし、上位30位を指定し公開した。2002年からは「出資総額制限企業集団」と「相互出資制限企業集団」に区分して指定した。2009年からは、出資総額制限制度は廃止し、相互出資制限企業集団のみ指定している。

2016年9月には相互出資制限企業集団指定基準を5兆ウォンから10兆ウォンに上方修正し、「公企業集団は対象外」となった。2017年4月法改正により、資産総額5兆ウォン以上は「公示対象企業集団」に指定し、そのうち資産総額10兆ウォン以上は、「相互出資制限企業集団」に指定(公示対象企業集団内の相互出資制限企業集団を含む)している。

　一方、財閥(Chaebol)の定義は明確に確立されていないが、公正取引法上の大規模企業集団よりも広義の意味で使われている。公正取引委員会の定義によれば、財閥とは、特定の人またはその親戚・姻戚に所有が集中しており、複数の系列会社を作り直接経営権を掌握している一つの企業集団である。

　韓国の財閥家としては、三星家(三星グループ・新世界グループ・CJグループ)、現代家(現代グループ・現代自動車グループ・現代重工業グループ・現代百貨店グループ)、LG家(LGグループ・GSグループ・LSグループ・LIGグループ)、SK家(SKグループ)などが代表的である。

　韓国の財閥の特徴は、戦後から経済成長初期段階で政府の手厚い保護下で成長し、市場で独占的地位を占めている多くの系列会社を持ち、総帥やその家族または血族によって事実上支配されている。財閥は婚脈と血縁で結ばれ、富と権力を世襲するなど中世的な特徴を持つ。

　韓国の財閥は政府の経済開発政策に積極的に参加し、資本集積と技術開発を通じて経済成長や発展に寄与した面では高く評価されているが、一方では、政経癒着による成長、国民経済の財閥依存度が高いこと、非合理的な経営方式、市場の独占・寡占、不動産投機、環境汚染などで批判も受けている。

2. 韓国経済と財閥

　韓国で財閥企業が生まれた背景として、1945年終戦とともに米軍政によって没収された日本人の「帰属企業」の払い下げを受けて出発したケースもあり、引き続き、戦後のアメリカの余剰農産物の払い下げの特権を得て繊維、製糖、製粉など「三白産業」の零細な事業から出発したケースも多い。

　1960年代から政府主導による経済開発計画が始まり、韓国の工業化は、製鉄、通信、電力などの公益事業関連分野では公企業が、民間資本では財閥企業

が原動力となった。

　高度成長期過程で朴正煕政府は財閥を保護・育成してきたので、国家－銀行－財閥という韓国経済を特徴付ける基本的な構造関係が生まれた。外貨割当て、特別低利融資、政府の低賃金政策、韓国に進出した外資企業は原則すべての生産物の輸出が義務付けられるなど、財閥は数々の政府の保護・特恵を受けながら成長した。

　1970年代に入ってからは、財閥は政府の重化学工業育成政策とともに成長し、多数の系列企業を傘下にもつ大企業グループとして発展した。当時、朴正煕政権から指名されて、現代、韓進、鮮京(現、SK)、韓国火薬、大農、東亜建設、韓一合繊、斗山、大宇などの財閥が事業を拡張した。

　1980年代から財閥の重化学工業部門での重複投資・過剰投資などの弊害、政府の財閥に対する過保護など、政府主導の経済政策の問題点が指摘された。しかし財閥の事業再編に遅れ、1997年アジア経済危機の影響を強く受け、多くの財閥が破綻に至った。また財閥に過剰融資を行った銀行も大きな打撃を受けた。経済危機直後成立した金大中政府は過剰負債の解消(財務リストラ)、過剰多角化の解消(事業リストラ)、コーポレート・ガバナンス(企業統治)改革などの財閥改革を行った。

3. 公示対象企業集団・相互出資制限企業集団

　公正取引委員会は2017年から、公正取引法施行令第21条第4項に基づき、毎年5月1日に、「公示対象企業集団」と「相互出資制限企業集団」を指定し、発表している。資産総額5兆ウォン以上(約5,000億円以上)は「公示対象企業集団」、そのうち、資産総額10兆ウォン以上(約1兆円以上)は「相互出資制限企業集団」として指定される。この大企業集団のリストは「市場支配力の乱用、系列会社への集中的な発注」など、財閥規制の基準となる。

　公示対象企業集団に指定されると、所属会社は公正取引法に基づき、①各種の公示義務(大規模内部取引公示・非上場会社の重要事項公示・企業集団現況公示)、②申告義務(株式所有現況届け)、③企業集団の総帥一族に対する不当な利益提供の禁止が適用される。

図表1 ●企業集団数 （単位：社）

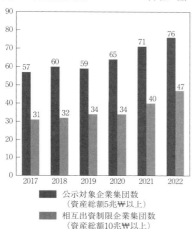

公示対象企業集団数
（資産総額5兆₩以上）

相互出資制限企業集団数
（資産総額10兆₩以上）

出典：公正取引委員会『大企業集団指定及び債務
保証現況』により著者作成

図表2 ●企業集団の系列会社数 （単位：社）

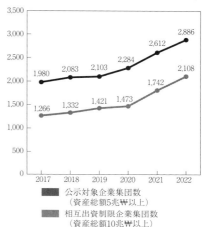

公示対象企業集団数
（資産総額5兆₩以上）

相互出資制限企業集団数
（資産総額10兆₩以上）

出典：公正取引委員会『大企業集団指定及び債務
保証現況』により著者作成

　相互出資制限企業集団として指定されると、所属会社は、上記①②③の他に、④企業集団内の相互出資禁止・新規循環出資禁止・債務保証禁止、⑤金融保険企業への議決権行使の制限が追加で課される。

　公正取引委員会は、資産総額5兆ウォン以上の公示対象企業集団として、2021年には71社（所属会社2,612社）、2022年には76社（所属会社2,886社）を指定した。公示対象企業集団数の5社増加とともに、その所属企業数も274社増加した〈図表1～2〉。

　また、公示対象企業集団のうち、資産総額10兆ウォン以上の「相互出資制限企業集団」は、2021年には40社（所属会社1,742社）であったが、2022年には47社（所属会社2,108社）で、7社増加しており、所属企業者数は2021年より366社増加した。

　公正取引委員会では企業集団ごとの総資産、自己資本、負債、売上高、当期純利益などを公表している。公示対象企業集団の総資産額（左目盛り）は増加傾向であるが、当期純利益（右目盛り）はCOVID-19パンデミックであった2020～2021年は悪化した。2022年には経済活動の再開、買収・合併などにより資産総額と売上高が増加し、経営実績も大幅に改善され、当期純利益は43.5兆ウォ

図表3 ●公示対象企業集団（資産総額5兆₩以上）の総資産額・売上高・当期純利益（単位：兆ウォン）

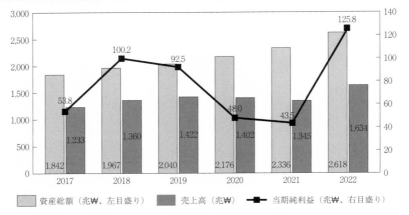

出典：公正取引委員会『大企業集団指定及び債務保証現況』により筆者作成

ンから125.8兆ウォンへと大幅に増加した〈図表3〉。

4. 相互出資制限企業集団

　公正取引委員会の2022年5月1日発表によると、相互出資制限企業集団は47社である。資産総額による順位で、三星は2004年までは業界2位であったが、2005年から1位として固定されている。なお、2022年には上位5位内の順位が2010年以来初めて変わった。現代自動車は2016年から2位を維持してきたが、2022年には3位となり、SKが初めて2位となった。SKの資産総額が多くなったのは半導体売上増加（SKハイニックスは過去最高売上高を記録）、物的分割（承継会社または設立会社の発行する株式の全部を分割会社が受取る）による新規設立、石油事業の成長などによる。

　2022年には特にCOVID-19パンデミックの影響により、インターネット・バイオ事業を主力にする企業が急浮上し、企業順位にも変化をもたらした。インターネットサービス会社であるカカオ（KAKAO）は18位から15位に、ネイバー（NAVER）も27位から22位に上がった。

　44位のドゥナム（Dunamu）は相互出資制限企業集団として初めて指定された。ドゥナムは仮想通貨取引所を運営する企業で、公示対象企業集団と相互出資制

限集団に同時に指定されたのは、2017年以来の最初の事例である。

　47企業集団の平均所属会社（系列会社数）が最も多いのがSKで186社（2021年148社）、次にカカオ（KAKAO）が136社（2021年118社）で、47大企業集団の平均44.9社（2021年43.6社）を大幅に上回っている。

図表4●相互出資制限企業集団47社（所属会社2,108社）（2022年5月1日基準）

（単位：社、兆ウォン）

順位	企業集団名	所属会社	資産総額	順位	企業集団名	所属会社	資産総額	順位	企業集団名	所属会社	資産総額
1	三星	60	483.9	17	LS	42	24.8	33	ホバン建設	43	13.8
2	SK	186	292.0	18	DL	42	24.8	34	SM	63	13.7
3	現代自動車	57	257.8	19	富栄	22	21.7	35	ネットマーブル	30	13.3
4	LG	73	167.5	20	中興建設	55	20.3	36	KT&G	12	13.1
5	ロッテ	85	121.6	21	未来アセット	40	20.2	37	KCC	14	12.6
6	ポスコ	38	96.3	22	NAVER	54	19.2	38	大宇造船海洋	4	11.4
7	ハンファ	91	80.4	23	エス・オイル	2	18.8	39	ネクソン	18	11.3
8	GS	93	76.8	24	現代デパート	23	18.2	40	DB	20	11.3
9	現代重工業	36	75.3	25	HMM	4	17.8	41	泰榮（テヨン）	76	11.2
10	農協	53	67.0	26	錦湖アジアナ	32	17.6	42	コーロン	41	11.0
11	新世界	53	61.1	27	夏林（ハリム）	55	15.4	43	OCI	22	10.9
12	KT	50	42.1	28	HDC	34	15.1	44	Dunamu	14	10.8
13	CJ	85	36.9	29	暁星	53	14.8	45	SeAH	26	10.8
14	韓進	33	35.2	30	永豊（ヨンプン）	26	14.6	46	韓国タイヤ	23	10.2
15	KAKAO	136	32.2	31	セルトリオン	7	14.6	47	E・Land	31	10.0
16	斗山	21	26.3	32	教保生命保険	14	13.8				

出典：https://www.egroup.go.kr、公正取引委員会HPにより筆者作成

5. 代表15大企業集団の特徴

　〈図表5〉では、2022年の企業集団上位15位までの創業年度、代表系列会社の主な特徴をまとめた。公正取引委員会が発表する大規模企業集団の順位は毎年変わるが、上位6位までの企業順位は2017年以来変動がなかったが、2022年SKが2位、現代自動車が3位となった。またカカオは初めて15位に上がった。

図表5 ● 2022年上位15位の企業集団と代表系列社の特徴

順位	企業集団名	創業	代表系列社	系列社の特徴
1	三星	1938年	三星電子	1969年設立。1993年からDRAM市場シェア1位、2002年からNAND型フラッシュメモリ世界1位、2021年グローバル半導体売上世界1位。
2	SK	1953年	SKハイニックス	メモリ半導体設計・製造企業で世界2位のRAMとNANDフラッシュ（ROM）製造企業。1979年設立のLG半導体が前身で、2012年にハイニックス半導体に社名変更しSKグループに属する。
3	現代自動車	2000年現代グループから分離	現代自動車	韓国最大手の自動車メーカー。傘下に起亜(Kia)自動車がある。2021年自動車売上世界3位。
4	LG	1947年	LG電子	1958年設立。2021年、生活家電売上世界1位。
5	ロッテ	1967年	ロッテショッピング	デパートは1979年開店、Lotte martは1998年1号店オープン。国内デパート31店、アウトレット21店舗、海外4店舗。
6	POSCO	1968年2000年民営化	ポスコインターナショナル	2010年ポスコグループに編入。鉄鋼製品とその原料・自動車部品・食糧・繊維・インフラ・エネルギーの販売と投資を行う大手総合商社。
7	ハンファ	1952年	ハンファ生命保険	旧・大韓生命は、1946年に設立された韓国最初の生命保険会社。2010年上場。2012年社名をハンファ生命保険へと改名。
8	GS	2005年LGグループから分離	GSカルテックス	1967年湖南石油として設立。韓国GSグループと米シェブロンが共同で設立した石油会社。
9	現代重工業	2002年現代グループから分離	韓国造船海洋	1972年創立。2008年に102隻の船舶を引き渡し、世界最多を記録。
10	農協（中央会）	1961年農業協同組合法により設立	NH農協金融持株会社	2012年に農協中央会の金融業部門を分離して設立された持株会社。農協中央会が大株主で、特殊目的金融機関。
11	新世界	1991年三星グループから分離	新世界デパート	1930年三越京城店が前身、1963年三星グループに編入。新世界釜山センタムシティ店は、2009年世界最大の百貨店としてギネスブックに認定。1993年設立のE-MARTは韓国初大型ディスカウントストア。
12	KT	1981年設立（韓国最大の通信事業会社）2002年民営化	KTF	1996年設立。2009年KTに合併。携帯電話事業企業。日本のNTTドコモと提携。

13	CJ	1993年三星グループから分離	CJ ENM	2018年設立。エンタテインメント事業、ケーブルテレビチャンネル「tvN」や音楽専門チャンネル「Mnet」運営。
14	韓進	1945年	大韓航空 (1969年民営化)	1962年大韓航空公社設立(国営)、1969年民営化。2021年世界100大航空会社の中22位。2021年12月アシアナ航空(1988年設立)の買収合併決定。
15	KAKAO	1995年	カカオバンク	2016年設立したネット銀行。KAKAOと韓国投資持株会社の共同出資で、2017年7月から営業開始。2021年時価総額で金融機関の上位1位。

出典：筆者作成

|||||||||||||||||||||||||||||||||||||||||||||||||||| ［コラム］ 三星電子 ||||||||||||||||||||||||||||||||||||||||||||||||||

　三星(サムスン)グループの中核企業である三星電子は、1969年創立され、1982年半導体研究所を設立し、半導体事業へ本格参入した。三星電子は李秉喆(イ ビョンチョル)(創業者、1987年死亡)、李健熙(イ ゴンヒ)(1987年から三星グル会長、2020年死亡)、李在鎔(イ ジェヨン)(現、サムスン電子副会長、三星グループの経営トップ)の3代続いてのオーナー経営である。

　2021年の三星グループの売上は韓国GDPの20.8%であり、また三星グループ売上333兆ウォンの中で三星電子の売上(166兆ウォン)が49.8%を占める(韓国CXO研究所資料)。特に強みを持つのは、半導体、液晶パネル、情報通信(携帯電話、PC)、デジタルメディア(生活家電)などである。半導体やパネルへの積極的な投資により、1992年に三星電子は世界初の64メガDRAMを開発し、業界の強者となった。2021年、アメリカIC Insights発表の半導体売上高は三星電子が世界1位である(2位はインテル)。

　スマートフォン市場には2010年に進出し、果敢な創意工夫で2012年にはスマホ機種の販売台数で世界1位となり、2016年から2021年まで、機種販売台数の1位となった(Appleが2位)。

|||||||||||||||||||||||||||||||||||||||||||||||||||||||||||||||||||||||||||||||||||||||||||||||||||||||||||||||||||||||||

中小企業・ベンチャー企業

1. 中小企業

　中小企業とは、中小企業基本法第2条及び施行令第3条(2022年改正)に基づき、営利目的の法人企業または個人企業で、規模基準(業種別売上高基準、資産5,000億ウォン未満)と独立性(公示対象企業集団の所属会社(系列会社)ではないこと)を満たす企業である。

　中小企業の規模基準は「3年平均売上高」により分類するが、業種別に異なり、400億～1,500億ウォン以下である(約40億～150億円)。「小企業」とは、中小企業の範囲に該当し、3年平均売上規模が業種別に10億～120億ウォン以下である。「小商工人」とは、小企業のうち常時労働者数を基準にし、製造業、鉱業、建設業、運輸及び倉庫業では10名未満、その他では5名未満の場合である。

図表1　全体企業の中で中小企業の事業体数・従事者数が占める割合　　　　　　　(単位：%)

	1994	1998	2001	2004	2007	2010	2013	2016	2019
企業数	99.3	99.3	99.7	99.8	99.9	99.9	99.9	99.9	99.9
従事者数	75.1	77.7	84.4	86.4	88.4	86.8	87.5	83.1	82.7

出典：中小ベンチャー企業部『中小企業基本統計』により筆者作成

　〈図表1〉は、企業全体の中で、中小企業の事業体と中小企業の従事者が占める割合を示している。2019年の場合、6,894千社の中で、中小企業は6,888千社で、全体企業の99.9%を占める。従事者数が占める割合は、IMF経済危機後の構造調整過程で大企業の従事者が減少したことを背景に、中小企業の従事者は1998年から増加傾向であったが、2007年の88.4%をピークに低下している。

2019年の場合、21,077千人の従事者の中で、中小企業で働く人は17,440千人で、82.7%を占めている。

2. 大企業・中小企業の二重構造

売上営業利益率（営業利益が売上高に占める割合）、賃金格差、研究開発費の格差などは、大企業と中小企業との収益性、労働者の所得、技術開発の両極化を示す指標である。本節では、常時従業者数を基準に、300人以上は大企業、300人未満は中小企業とし、大企業と中小企業の二重構造を確認する。

〈図表2〉は大企業と中小企業との賃金格差を示している。大企業労働者賃金を100にした場合、中小企業労働者の賃金は1998年には66.6％であったが、徐々に賃金格差が大きくなり、2020年57.8％である。大企業と中小企業間の賃金格差が大きいのは、中小企業労働者の勤続年数が大企業より短いこと、中小企業の研究開発費と営業利益が大企業より少ないこと、多くの中小企業は大企業から委託を受ける下請け企業であることが原因として挙げられる。

IMF経済危機以後、大企業は大規模の雇用調整及び事業構造調整を行い、研究開発投資を拡大するなどの努力を続けてきた。企業全体の研究開発費の中

図表2 ●大企業と中小企業の賃金格差（製造業）（大企業賃金＝100）　　　　　　　　（単位：%）

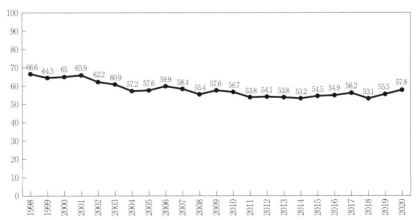

出典：韓国銀行『企業経営分析』2020年により筆者作成
注：賃金格差は大企業賃金を100％にした場合、中小企業の賃金水準（製造業）

（単位：％、％ポイント）

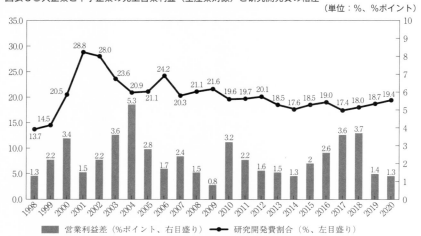

■ 営業利益差（％ポイント、右目盛り）　　　● 研究開発費割合（％、左目盛り）

出典：韓国銀行『企業経営分析』、中期中央会『中小企業危機指標』、科学技術情報通信部『研究開発活動調
　　　査報告書』により筆者作成
注：1）常時従業員数で、大企業は300人以上の企業、中小企業は300人未満の企業と定義、2）売上営業利益
　　　率差（全産業対象）（％ポイント）＝大企業営業利益率－中小企業営業利益率、3）研究開発費の割合（％）
　　　は、総研究開発費の中で中小・ベンチャー企業の研究開発費が占める割合。

で中小企業の研究開発費が占める割合はIMF経済危機直後である1998年13.7
％から高まったが、2001年28.8％をピークに低下し、2020年19.4％を占めてい
る〈図表3〉。

　売上営業利益率（全産業対象）は、営業活動全体の業績を示す指標である。大
企業と中小企業の売上営業利益率格差（大企業営業利益率－中小企業営業利益
率）は2004年5.3％ポイントをピークに低下した。2020年の売上営業利益率は、
大企業4.8％、中小企業3.5％で、1.3％ポイント差がある。

　製造業の場合、中小企業36万社の中で、約5割は大企業の下請け会社（韓国
では「協力会社」と称する）である。また、中小企業の大企業との取引依存率は、
41.9％は納品関係、売上高の81.4％は委託関係に依存している（「KOSBI中小企
業フォーカス」2019年11月）。

　特に、多くの部品（自動車1台に部品約2万個）が必要な自動車産業の場合は、
下請け会社の依存度が高く、2020年、自動車メーカー（現代、起亜、韓国GM、
ルノーサムスン、双龍、タタ大字）と取引している第1次下請け会社は744社で、

この中で、大企業が266社（35.8％）、中小企業が478社（64.2％）である（『韓国自動車産業協同組合調査』2020年）。現代・起亜自動車の場合（2022年）、第1次下請け会社は約300社、第2・3次下請け会社は約5,000社で、部品の95％を下請け会社が生産し納品している（現代自動車HP）。

　中小企業は限られた大企業を相手に過当競争をし、規模の経済（生産量が増加することによって生産量当たり平均費用が減少）を実現するのが難しく、収益性が低くなっている。また、大企業と中小企業との関係が、大企業が力の優位を持つ一方的上下関係であるゆえ、為替変動、原油価格及び原資材価格上昇などの経営条件悪化による費用負担が不当な方法で中小企業にそのまま転嫁されることも多い。

3. ベンチャー企業

1）ベンチャー企業の定義

　ベンチャー（Venture）企業とは、韓国と日本で主に使われる言葉で、最近は英語名のスタートアップ（startup）企業という言葉を使う場合が多い。韓国では、ベンチャー企業はベンチャー企業協会から「ベンチャー企業」として認められた企業、スタートアップ企業は創業初期の企業すべてを指す場合が多い。中小企業を担当する中小ベンチャー企業部が両方ともに業務を担当している。

　ベンチャー企業の定義は、1998年12月30日に改定された「ベンチャー企業育成に関する特別措置法第2条規定」に基づき、他企業に比べて技術や成長可能性が相対的に高く、政府の支援が必要であるとベンチャー企業協会が認めた中小企業である。

　ベンチャー企業の確認要件は五つの類型に分かれていたが、2021年法改正により、三つの類型となった：①ベンチャー投資類型企業（投資金額の合計が5,000万ウォン以上で、企業資本金の10％以上投資した企業）、②研究開発類型企業（企業付設研究所などを持ち、直前第4四半期の研究開発費が5,000万ウォン以上で、総売上高の5〜10％以上の企業）、③革新成長類型企業（新設）（ベンチャー企業協会が、技術の革新性と事業の成長性が優れていると評価した企業）。

2）政府のベンチャー支援政策とベンチャーブーム

　ベンチャーブームとは、ベンチャー企業の創業と投資が活発に行われる現象である。韓国でのベンチャーブームは、その背景、技術と産業分野、参加主体によって二つの時期に分かれる。

　第1次ベンチャーブームはIMF経済危機後である1998〜2001年である。第1次ブームの特徴は、「政府主導」で、主な業種はソフトウェア（SW）、情報通信関連分野（ICT：Information and Communication Technology）の国内投資が中心であった。1996年に中小企業やベンチャー企業向けの証券市場であるKOSDAQが設立されたことにより、事業資金調達が容易になり、また、1997年IMF経済危機直後の大企業構造調整による大量失業を解決するため、政府のベンチャー企業への支援が強化された。

　第2次ベンチャーブームは2019〜2020年である。第2次ベンチャーブームの特徴は、「民間主導」で、主な業種はバイオ、医療、流通など、多様化しており、ユニコーンや海外投資誘致など、グローバル志向である。第2次ブームの背景として、朴槿恵政府が2014年2月に発表した経済革新3か年計画の一つとして様々なベンチャー企業支援政策を打ち出したこと、引き続き、文在寅政府が第2のベンチャーブームを目指し、ベンチャー企業への支援強化と投資促進のための制度や法を整備したことである。

　文在寅政府は、ベンチャー企業への支援が円滑に行われるよう、2017年7月には、中小企業庁を中小ベンチャー企業部に昇格した。また、ベンチャー投資関連制度が、「中小企業創業支援法」と「ベンチャー企業特別法」に分かれていたが、2020年2月、二つの法を統合した「ベンチャー投資促進に関する法律」を制定し、ベンチャー投資制度を体系化・簡素化・最小限の規制の方向へと改編した。

3）ベンチャー企業の実態

　ベンチャー企業数は、2001年11,392社をピークに低下したが、2003年からは増加しており、2020年には39,101社で、20年間で約3倍に増加した。ベンチャー企業の増加とともに、1社当りの平均売上高は低下しており、2018〜2020年は、53億ウォン程度である〈図表4〉。

　2020年、ベンチャー企業の売上高営業利益率（営業利益が売上高に占める割

図表4 ●ベンチャー企業数・平均売上高

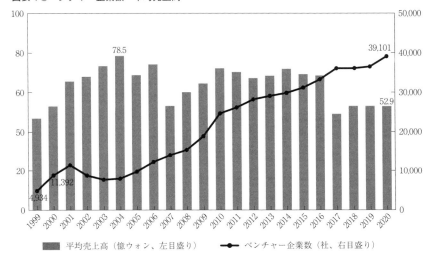

凡例: ■ 平均売上高（億ウォン、左目盛り）　　━●━ ベンチャー企業数（社、右目盛り）

出典：中小ベンチャー企業部『ベンチャー企業精密実態調査』により筆者作成

合）は3.2％で、大企業4.8％、中堅企業5.0％、中小企業3.5％より低い（韓国銀行「企業経営分析」2020年）。

　ベンチャー企業の業種別分布をみると（2020年）、一般製造が39.3％（中、飲食料・繊維・非金属製造が20.7％、機械・自動車・金属製造が18.6％）で最も多く、先端製造25.5％、ソフトウェア・情報通信20.3％、一般サービス12.5％の順である〈図表5〉。

　一方、ベンチャー企業の市・道別分布をみると、首都圏が55.4％（中、ソウル22.1％、仁川4.6％、京畿道28.7％）で、全体の半分以上を占める。次に、慶尚南道圏が12.5％（中、慶南5.6％、釜山5.5％、蔚山1.4％）で多い〈図表6〉。

　中小・ベンチャー企業が首都圏に集中する主な原因は、ベンチャー企業に出資を行う投資会社であるベンチャーキャピタル（VC）の大半が首都圏に集まっているためである。2020年5月基準で国内VCの91.3％が首都圏にある（中小ベンチャー企業振興公団調査）。

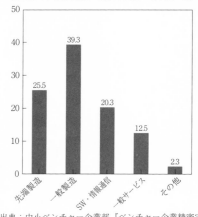

図表5●ベンチャー企業の業種別分布
（2020年、調査対象：39,101社）（単位：%）

先端製造 25.5
一般製造 39.3
SW・情報通信 20.3
一般サービス 12.5
その他 2.3

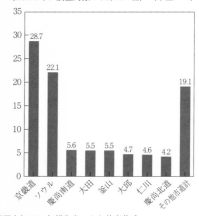

図表6●ベンチャー企業の市・道別分布
（2020年、調査対象：39,101社）（単位：%）

京畿道 28.7
ソウル 22.1
慶尚南道 5.6
大田 5.5
釜山 5.5
大邱 4.7
仁川 4.6
慶尚北道 4.2
その他市道計 19.1

出典：中小ベンチャー企業部『ベンチャー企業精密実態調査』2021年報告書により筆者作成

3）テヘランバレー・板橋テクノバレー

①テヘランバレー

　テヘラン路は韓国ソウルの江南（ガンナム）の中心部に位置し、ソウル地下鉄2号線の江南駅付近から貿易センターがある三成（サムスン）駅付近までで、韓国のビジネス・金融の中心地である。1973年の第1次石油危機後、中東で建設ブームがおきた際、韓国の建設会社の中東進出が活発に行われた。1977年6月、イランのテヘラン市長がソウルを訪問した際、友好の印としてソウルとテヘランの地名を冠した通りを1つずつ作ることになった。テヘランにはソウル通りがある。

　1997年IMF経済危機後、政府のベンチャー企業育成政策が始まると、韓国のICT（情報通信技術）企業がソウル江南のテヘラン路に集中したので、その一帯はアメリカのシリコンバレーになぞらえてテヘランバレーと呼ばれ始めた。テヘランバレーは現在もソウルの代表的なICT産業基盤の集積地として評価されている。2000年代初頭に第1次ベンチャーブームが終わると経済悪化でしばらく衰退したが、近年、再びスタートアップ企業の拠点になっている。

②板橋（パンギョ）テクノバレー

　板橋テクノバレーは、ソウル中心街の南約20kmの郊外の京畿道（ギョンギド）の城南市（ソンナム）盆（ブン）

唐区に位置するIT研究開発団地である。第1次板橋テクノバレーは2006年4月に造成工事を始め、2016年に完工した。第2次板橋は2022年まで段階的に完工し、第3次板橋は2024年完工予定である。

　板橋バレーの成功要因としては、ソウル江南への近接性と安い賃貸条件があげられる。当時、テヘランバレーにはベンチャー企業が集まり、空間不足と高価な賃貸料が問題点として浮上したため、板橋テクノバレーはソウル江南のテヘランバレーの企業と人材を吸収しながら成長した。

　2011年から板橋テクノバレーを管理している「京畿道経済科学振興院」は、板橋で多様な支援事業を行っている。板橋は情報通信技術（ICT）及びICT融合・複合産業に限定している。

　2021年の入居企業数は1,697社で、第1板橋で1,300社（77％）、第2板橋で397社（23％）である。入居企業の業種は情報技術（IT）64.6％（1,096社）、バイオ技術（BT）13.4％（228社）、コンテンツ技術（CT）13％（220社）になっている。企業規模別ではスタートアップを含めた中小企業が1,487社（87.6％）で最も多く、中堅企業97社（5.7％）、大企業64社（3.8％）、その他49社（2.9％）順である（京畿道経済科学振興院「板橋第1・2テクノバレー実態調査」2021年）。

4．ユニコーン企業

　ユニコーン企業とは成功したベンチャー企業で、①企業価値（評価額）が1兆ウォン以上（約1,000億円）、②創業10年以内のスタートアップ企業、③未上場企業、④テクノロジー（IT）企業といった4つの条件を備えた企業を指す。ユニコーン企業の中で、100億ドル以上はデカコーン企業、1,000億ドル以上はヘクトコーン企業と区分される（語源は、ベンチャーキャピタリストのアイリーン・リーの2013年の発案による）。

　米国民間調査機関CBインサイトによると、2021年基準でユニコーン10社以上の保有国は11か国である。アメリカが488社で半分を超え、中国170社、インド55社、イギリス37社、ドイツ25社、イスラエル21社、フランス20社、カナダ16社、ブラジル15社、シンガポール12社、韓国11社の順であった（日本は2020年7社）。

韓国の中小ベンチャー企業部によれば、韓国のユニコーン企業は、2017年3社、2018年6社、2019年10社、2020年13社である。2021年には7社増えたが2社が上場したことによりリストから除かれたので、18社である。インターネット通販のクーパン（Coupang、2010年設立）は2021年3月にニューヨーク証券取引所（NYSE）上場、ゲーム開発企業のクラフトン（KRAFTON、2007年設立）は2021年にKOSPI上場により、ユニコーン企業から除外された。

　2021年、韓国の360万社の中小企業のうち、ベンチャー認証を受けた非上場企業は1％に過ぎない。ベンチャー企業がユニコーン企業へと跳躍するためには、安定的な大規模投資誘致が必須である。政府は、より多くのベンチャー、スタットアップ企業がユニコーン企業として成長できるよう、2022年は1兆ウォン規模のファンド・オブ・ファンズ（FOF：Fund of Funds、1つのファンドが複数のファンドへ投資する外部委託型投資信託）を通じ、2兆ウォン以上のファンドを組成するとともに、複数議決権（資金力の弱いベンチャー企業の創設者が投資金を集めながら経営権を維持することができるよう保有した持分以上の議決権を行使できるようにする制度）、ストックオプションなどの制度を整備していく方針である。

第 6 部

金融構造・金融市場

金融市場の構造

1. 通貨改革と通貨単位の変化

　通貨改革とは古い通貨の流通を停止させ新通貨を強制的に流通させるために、国民に短期間、旧通貨を新通貨と交換するよう求める政策である。この過程で通貨単位の名称が変わりながら新旧通貨間の交換割合も一緒に変えることができる。韓国での通貨改革は1905年、1950年、1953年、1962年、計4回行われた。1905年の通貨改革は日本の朝鮮に対する経済侵奪を目的に行われた。韓国政府が自主的に実施した通貨改革は1950年、1953年、1962年の3回である〈図表1〉。

1) 1905年通貨改革
　1905年の通貨改革は日本が日露戦争で勝利した後、朝鮮の通貨制度を日本の通貨制度の一部に編入させるために行われた。旧朝鮮通貨の通用を停止させ、朝鮮政府の新しい通貨と日本第一銀行券を法貨として強制的に通用させた改革であった。この過程で通貨単位の名称が韓国の通貨単位である元（ウォン）から日本の通貨単位である圓（ウォン）に変更されるとともに、旧通貨と新通貨との交換比率を2：1にする名目切り下げが行われた。

2) 1950年通貨改革
　1950年の通貨改革（第1次緊急通貨措置）は朝鮮戦争に対処するために行われた。1950年6月12日の韓国銀行の発足後、当時通用した通貨とともに韓国銀行券が流通した。ところが、北朝鮮軍が当時の法貨であった朝鮮銀行券を略奪

または不法発行したので、北朝鮮軍の通貨工作を遮断するために、大統領緊急命令により韓国銀行券で通貨を統一させた。韓国銀行が朝鮮銀行券（圓）を回収し、新しい韓国銀行券（圜）を流通させることで韓国銀行が新しい発券銀行であることを一般国民に確認させるきっかけになった。

3）1953年通貨改革

　1953年2月の通貨改革（第2次緊急通貨措置）は、3年間の長い朝鮮戦争過程で通貨量が増え、インフレーションが長期化したため行われた。通貨で表示する金額があまりにも大きくなり、計算や記帳も大変で、計算や会計など各種取引費用が増加することを解決するために行われたのである。

　通貨単位を圓から圜に名称変更し、旧通貨と新通貨を100：1（100圓→1圜）で交換する名目切り下げ（denomination）であった。この通貨改革は市中の過剰購買力を吸収してインフレーションを収拾し、これを経済復興資金として活用するための緊急金融措置とともに行われた。金融機関からの預金引き出しを全体預金の24％程度に制限する封鎖勘定を設けたのである。

　また、韓国銀行券と一緒に通用してきた7種類の朝鮮銀行券（10圓、5圓、1圓、50銭、20銭、10銭、5銭）と日本政府の少額補助通貨（1銭硬貨）の流通も全面中止し、圜のみを唯一の法貨として認めた。これにより韓国の通貨の完全な独自性が確保できた。

4）1962年通貨改革

　1962年6月の通貨改革（第3次緊急通貨措置）では通貨単位を圜からウォン（₩）へと名称変更し、旧通貨と新通貨との交換比率を10：1にする名目切り下げを施行する緊急通貨措置と、旧通貨の現金と預金を凍結する緊急金融措置が一緒に施行された。

　当時、朴正熙軍事政府が「経済開発5か年計画」を推進しながら、5・16軍事クーデター（1961年）以後財政赤字拡大で累積した過剰流動性を解消し、地下経済で財を成した富裕層の財産を没収するため行った措置であった。

　しかし軍事政府が予想した地下経済の財産は多くなかったし、現金と預金の凍結により産業活動が深刻な打撃を受けたので、1か月を超えずこの緊急金融

措置は撤回された。この通貨改革は地下経済財産を産業資金化するとの目的を
果たすことはできなかったが、現在のウォン表示通貨使用の出発点になったと
評価されている。

5）1970年代以後

　1970年代以後は改革よりは現在の額面体系が確立される時期である。1970
年11月30日には100ウォン貨、1972年12月1日には50ウォン貨の銀行券を硬
貨に変えた。また、経済成長とともに国民の所得が増え、取引単位が高くなる
と、高額券紙幣の必要性が高まった。

　1972年7月1日には5000ウォン券、1973年6月12日には1万ウォン券、また、
1975年8月14日には取引の便宜のため1000ウォン券が発行された。2009年6
月23日には36年ぶりに5万ウォンの高額券の紙幣が発行された。5万ウォン券
は発効されてから10年目になる2019年時点で、4種類の流通貨幣の中で36.9%、
金額基準では約84.6%を占める。

図表1 ●通貨改革

改革時期	通貨単位	交換比率
1905年	朝鮮通貨　ウォン（元）　→　日本通貨単位ウォン（圓）	2：1
1950年8月28日	朝鮮銀行券ウォン（圓）　→　韓国銀行券　ウォン（圓）	1：1
1953年2月17日	ウォン（圓）　→　ファン（圜）	100：1
1962年6月10日	ファン（圜）　→　ウォン（ハングルのみ表記）	10：1

資料：http://www.bok.or.kr、韓国銀行HPにより筆者作成

2．韓国銀行の主な機能

　中央銀行である韓国銀行（BOK）は1950年6月12日設立された（日本銀行は
1882年開業）。韓国銀行の主な機能は、通貨発行、通貨信用政策の樹立及び執
行、銀行の銀行、政府の銀行、支払決済制度の運営及び管理、外国為替業務及
び外貨準備高管理などである。

　金融通貨委員会は韓国銀行の政策決定機構で、政府は金融通貨に関する重要
な政策を樹立する際には、金融通貨委員会の意見を聞かなければならない。委

員会の委員は、韓国銀行総裁と企画財政部長官を含めた7人で構成されている。

1)通貨発券

　韓国銀行は韓国の通貨を発行する。韓国銀行は韓国造幣公社に依頼して製造した貨幣を保管し、韓国銀行の本部と地域本部を通じて市中に出している。現在、紙幣4種類(1000ウォン券、5000ウォン券、1万ウォン券、5万ウォン券)と硬貨6種類(1、5、10、50、100、500ウォン)を発行している。

2)通貨信用政策

　韓国銀行のもっとも重要な業務は通貨信用政策を樹立し執行することである。通貨信用政策とは中央銀行が多様な政策手段を活用して、お金の量や金利が適正な水準にとどまるように影響を及ぼす政策をいう。物価安定と金融市場安定のための韓国銀行の通貨信用政策手段としては、公開市場操作、与・受信制度、支払準備率制度がある。

3)銀行の銀行

　韓国銀行は銀行の銀行である。一般国民や企業を相手とした取引はしない。韓国銀行は金融機関から預金を受けてこれを管理し、この預金は金融機関顧客の預金引き出しに備えての支払準備金としてだけでなく、金融機関相互間の資金決済などにも利用される。金融機関は銀行の銀行である韓国銀行に口座を設けて、お互いに債権・債務の決済を行う。韓国銀行は金融機関間の資金決済が円滑に行われるように、韓国では唯一の巨額決済システムである韓銀金融網(BOK-Wire+)を運営している。

4)政府の銀行

　韓国銀行は国民の税金など政府収入を国庫金として政府の代わりに受け取り、政府が必要なとき資金を渡す。また政府が一時的に資金が不足したときはお金を貸し付ける政府の銀行である。ところで国庫金を収納することは全国民を相手にする膨大な仕事である故、韓国銀行は各金融機関の店舗を代理店として指定し、国庫金の取扱業務を代わりに遂行するようにしている。

また、政府は資金が不足した場合、毎年国会であらかじめ決められた限度内で韓国銀行から借りるか国債を発行することになるが、この際、韓国銀行は政府の国債発行業務を代行している。

5）外貨準備高管理

　韓国の為替相場は外国為替市場での外貨需給によって自由に決められる（韓国は1997年12月から自由変動為替制度へ移行）。

　しかし、為替相場が急激に変化するときは、韓国銀行はこれを緩和するために微調整などの市場安定化措置を遂行する。また、韓国の外貨準備高が適正水準を維持するよう管理している。

写真●韓国銀行貨幣金融博物館（旧、本館）（2001年設立）

出典：https://www.kogl.or.kr、韓国公共ヌリ HP
注：現在の韓国銀行は博物館の中央後ろの高層ビル。

3．預金銀行と金融持株会社

1）預金銀行

　預金銀行（普通銀行）とは、銀行法に基づいて設立された銀行で、主な業務は預金の受け入れ、資金の貸し付け、手形の割引、為替取引などである。韓国では都市銀行、地方銀行、特殊銀行、外国銀行国内支店に区別される。

　大都市に本店がある都市銀行は6行で、国民銀行、新韓銀行、ウリ銀行、KEBハナ銀行、韓国シティー銀行（外資系）、SC第一銀行（外資系）がある。

　一方、地方銀行は、1967年政府の地方銀行設置政策により、地方の金融支援を目的として設立された金融機関で、10行が設立された。ところが、1997年IMF救済金融による構造調整過程で合併・買収が行われ、現在、釜山銀行、慶南銀行、大邱銀行、光州銀行、全北銀行、済州銀行の6行だけ残っている。

　特殊銀行は、銀行法の適用を受ける普通銀行とは異なり、特別法令の適用を受ける銀行である。特殊銀行の一部は一般銀行に転換、または合併され、現在

は、韓国産業銀行・企業銀行・韓国輸出入銀行・NH農協銀行・水協銀行が残っている。

図表6 ● 銀行と所属持株会社（2022年7月）

都市銀行	〈国内銀行〉 ・新韓銀行（新韓金融持株） ・ウリ銀行（ウリ金融持株） ・KEBハナ銀行（ハナ金融持株） ・KB国民銀行（KB金融持株）	〈外資系銀行〉 ・SC第一銀行（SC金融持株） ・韓国シティー銀行（シティー金融持株）
地方銀行	・釜山銀行（BNK金融持株）　・慶南銀行（BNK金融持株）　・大邱銀行（DGB金融持株） ・光州銀行（JB金融持株）　　・全北銀行（JB金融持株）　・済州銀行（新韓金融持株）	
特殊銀行	・韓国産業銀行　・IBK企業銀行　・韓国輸出入銀行　・NH農協銀行　・水協銀行	

出典：韓国銀行HPにより筆者作成

2）金融持株会社（FHC：Financial Holding Company）

　1999年公正取引法改定、2000年金融持株会社法の制定により、金融持株会社の設立が可能になった。持株会社には、本業を行う一方で、他の会社を支配する事業持株会社と、他の会社の支配を本業とする純粋持株会社がある。

　韓国の金融持株会社は純粋持株会社のみ許可され、自らは実質的な事業活動を行わず、銀行、証券、カード、キャピタル、保険、投資信託など、多様な金融業会社の株主となって（子会社の株式を50％、上場・登録法人の場合30％）、持株会社内の各社を子会社として支配・管理する会社である。金融持株会社の長所としては、大型化を通じて競争力を高めることができること、政府も金融会社が持株会社に集結されるので監督しやすいという点がある。

　韓国の金融持株会社第1号は、2001年9月設立された新韓金融持株会社である。引き続き、2005年12月にはハナ金融持株会社、2008年9月にはKB金融持株会社、2012年NH農協持株会社が設立された。ウリ金融持株会社は、2001年に公的資金が投入された四つの金融機関を管理するため設立された。2014年の民営化推進段階で解体されたが、2019年完全に民営化されるとともに、再設立され、韓国を代表する5大金融持株会社となった。

　2020年時点で、金融持株会社は10社で、代表子会社は都市銀行や地方銀行である。2021年、金融持株会社の当期純利益の順位は、KB金融、新韓金融、ハナ金融、ウリ金融、NH農協金融の順である。韓国投資金融持株会社は証券

業や投資中心であり、メリッツ金融持株会社は証券業や保険業中心であることで、銀行業中心の他の金融持株会社とは差がある。

S&Pグローバルの世界100大銀行順位を見ると(2021年4月発表)、KB金融が63位、新韓金融が64位、NH農協72位、ハナ金融が74位、韓国金融が83位で、韓国の金融持株会社の順位はかなり低い方である。上位1～4位は中国の銀行で、日本の三菱UFJフィナンシャル・グループ(MUFG)は5位である。

図表7●金融持株会社の設立年度・子会社数・資産総額ランキング（2020年）

設立年度	持株会社名	子会社数	資産総額 （百万ウォン）	資産総額 順位	代表子会社
2001年9月	新韓金融持株会社	17	32,261,322	1	新韓銀行・済州銀行
2003年1月	韓国投資金融持株会社	7	6,783,355	6	韓国投資証券会社
2005年12月	ハナ金融持株会社	13	21,634,613	3	KEBハナ銀行
2008年9月	KB金融持株会社	12	25,346,636	2	KB国民銀行
2011年3月	BNK金融持株会社	9	6,122,518	7	BNK釜山銀行
2011年3月	メリッツ金融持株会社	4	1,594,304	10	メリッツ証券会社
2011年5月	DGB金融持株会社	8	3,672,257	8	大邱銀行
2012年3月	NH農協金融持株会社	8	21,238,160	4	NH農協銀行
2013年7月	JB金融持株会社	4	2,511,408	9	光州銀行・全北銀行
2019年1月	ウリ金融持株会社	11	21,206,593	5	ウリ銀行

出典：公正取引委員会HPより筆者作成

4. インターネット専門銀行

インターネット専門銀行(略称、ネット銀行)とは、対面の店舗を持たず、口座開設、融資申し込み、ファンド投資などあらゆる金融サービスをオンラインで提供する銀行のことである。店舗を持たないため、コスト削減分を高い預金金利、低い貸し出し金利、安い振込やATMの手数料などという形で顧客に還元できる。韓国では、2015年11月29日、金融委員会が韓国初のネット銀行として、「Kバンク」と「カカオバンク」に事業権を与えた。

Kバンク(KT系列)は韓国初のネットバンクである、韓国通信大手であるKT （2022年企業集団12位）、流通大手であるGSリテール(2022年企業集団8

位のGS流通専門系列社）など、21社を株主としており、2017年4月から営業を開始している。カカオバンク（2022年企業集団15位のKAKAO系列）は、メッセンジャーアプリ大手のKAKAOと韓国投資持株会社による共同出資で、2017年7月から営業を開始している。

　2021年3月には「TOSSバンク」（Viva Republica系列）が加わり、ネットバンクは3社となった。TOSSバンクは、スタートアップ企業で、送金サービスアプリTOSSを運営するビバリパブリカ（Viva Republica）の子会社で、2021年から10月から営業を開始している。

　KAKAOバンクは2021年8月に韓国証券取引所に上場した。2021年上半期の時価総額（株価×発行済株式数）の順位は、カカオバンク（35.6兆ウォン）が1位、KB金融（22.2兆ウォン）が2位、新韓金融3位、ハナ金融4位、ウリ金融5位の順である。KAKAOバンクは営業を開始して4年しか経っていないが、銀行・保険・証券・カード会社などの子会社を持つ巨大金融持株会社より高い評価を得ている。

第**17**講

企業の資金調達と株式市場

1. 企業の資金調達

1）間接金融と直接金融

　企業の資金調達源は、大きく「内部資金」と「外部資金」に分けられる。内部資金（内部留保資金）は、企業内部で独自に設けられた資金であるので、利子など別途の調達費用がかからず、資金の使用期間にも制約がなく、企業の立場では非常に有利な資金調達手段である。

　外部資金は、企業が不足した資金を外部から充当する方法で、調達形態に応じて「間接金融」と「直接金融」に分けられる。間接金融は銀行のような金融機関からお金を借りることで、銀行の融資規模に制約があり、満期に元金の返済と利子負担がある。

　直接金融は企業が資本市場で株式や債券発行などを通じて資金を調達する方式である。会社債など債券を発行すれば、企業の信用等級によって差別化された利子負担があり、満期に元金の返済と利子負担があるのは、金融機関からお金を借りたものと同様である。一方、株式発行は元金と利子を返済する必要はなく、利益の一部を配当金で支給すればいいので、企業の立場では、株式発行による資金調達が債券発行や金融機関借入れよりも安定的な調達方法として考えられている。

　企業の資金調達総額の中で、間接金融（銀行貸出）と直接金融（金融債とABS含む）が占める割合をみると、銀行貸出の間接金融が98％前後で、債券や株式発効などの直接金融はごくわずかである〈図表1〉。

図表1 ●企業資金調達（間接金融と直接金融の割合）　　　　　　　　　　　　　（単位：％）

	2021 4月	2021 5月	2021 6月	2021 7月	2021 8月	2021 9月	2021 10月	2021 11月	2021 12月	2022 1月
間接金融（銀行貸出）	97.6	98.4	97.9	98.0	98.2	98.2	98.2	98.2	99.1	97.5
直接金融（金融債とABS含む）	2.4	1.6	2.1	2.0	1.8	1.8	1.8	1.8	0.9	2.5

出典：間接金融は韓国銀行「金融市場動向」（各年1月）、直接金融は金融監督院『企業の直接金融調達実績
　　　分析』により筆者作成
注：ABS（asset backed securities）は資産流動化証券で、企業や銀行が保有する不動産、有価証券等の資産
　　を担保として発行する。韓国では1999年から発行している。

2）間接金融（銀行貸出）

　殆どの企業は内部資金だけで大規模な投資資金を用意することは非常に難し
く、特にベンチャー企業のように将来の成長が期待されるが現在収益がない企
業は外部から資金を調達しなければならない。

　銀行の企業貸出金は2000年189.5兆ウォンであったが、毎年増加傾向で、
2022年1月には1,000兆ウォンを超えた〈図表2〉。企業規模別には中小企業向け
の貸出金が多く、2000年に大企業44兆ウォン（23.2％）、中小企業145.6兆ウォ
ン（76.8％）であったが、2022年には、大企業183.4兆ウォン（17.0％）、中小企業
895.6兆ウォン（83％）である。

　大企業は社債発行や株式公募など直接金融調達を増やし銀行融資を減らした
が、中小企業の資金調達のほとんどは銀行融資に偏っている。特に非上場中小

図表2 ●銀行の企業貸出金の推移　　　　　　　　　　　　　　　　　　（単位：兆ウォン）

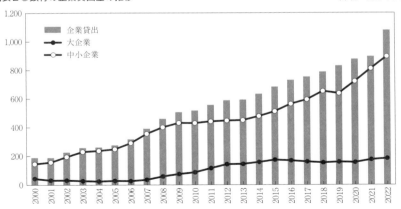

出典：韓国銀行『金融市場動向』（各年1月）により筆者作成

企業の場合、直接金融による資金調達は非常に低いことから、負債比率が高くなり、利子費用負担も上場企業に比べて重い。

2. 株式市場

1）株式市場の種類

　韓国取引所（KRX：Korea Exchange）は韓国唯一の証券取引所で、本社は釜山^プに所在する。1956年2月「韓国証券取引所」として開設され、1988年3月からは電算システムによって売買が行われている。1992年から外国人が韓国の上場会社の株式に直接投資するのが認められ、IMF経済危機直後の1998年5月からは外国人に完全開放された。

　2005年1月には、韓国証券取引所、韓国先物取引所、コスダック証券市場、コスダック委員会など4つの機関が統合され、「韓国証券先物取引所」（株式会社）となり、2009年には「韓国取引所」として名称変更された。韓国取引所が管理している株式市場は、大企業向けの有価証券市場（KOSPI市場）、新興中小企業・ベンチャー企業向けのKOSDAQ市場とKONEX市場がある。

　2022年3月15日時点で、韓国取引所の上場企業数は2,499社、時価総額2,448兆ウォン（約250兆円）である。その内訳を見ると、KOSPI市場では上場企業821社（時価総額2,060兆ウォン）、KOSDAQ市場では1,549社（時価総額383兆ウォン）、KONEX129社（5兆ウォン）である（日本最大の証券取引所である東京証券取引所は、1部と2部、マザーズ、ジャスダックなど各市場を運営している。全上場企業の時価総額は2021年12月末時点で計753兆円、東証1部の上場企業数は2022年1月時点で2,185社）。

①有価証券市場（KOSPI市場）

　有価証券市場（KOSPI市場）は韓国の唯一の総合取引所で、有価証券の売買取引のため1956年に韓国証券取引所（2009年からは「韓国取引所」）が開設した市場である。KOSPI指数（Korea Composite Stock Price Index）は有価証券市場の株価指数で、有価証券市場はKOSPI市場とも呼ばれる。

　1956年2月開設された当時には、取引所で上場した企業は12社に過ぎず、

売買取引も国債売買が主流であった。経済開発5か年計画の推進とともに効率的な産業資金調達のため、政府の資本市場育成政策と1972年12月の企業公開促進法制定により、上場企業数も増加した。

　韓国取引所の有価証券市場上場の基本要件は(2021年法改正)、「営業活動3年以上、自己資本300億ウォン以上」で、経営成果選択要件としては「時価総額が1兆ウォン以上」で、他の財務的要件を満たさなくても上場可能である。

②KOSDAQ市場

　KOSDAQ市場は、アメリカのNASDAQ (National Association of Securities Dealers Automated Quotation)をベンチマーキングして作られた市場で、新興中小企業やベンチャー企業の資金調達を目的に1996年7月に開設された。

　KOSDAQ (Korea Securities Dealers Automated Quotation)は、KOSDAQ市場の株価指数で、韓国取引所のKOSDAQ市場本部が運営管理している。韓国取引所はKOSDQ上場を希望する企業を「一般企業・利益未実現企業(赤字企業)・技術成長企業」の3部門に分けて上場審査を行っており、各部門に属する企業は、自己資本、継続事業利益、専門評価機関(信用評価社)の評価等級などの11の条件のうち、1つを満たせば上場を申請することができる。

③KONEX市場

　KONEX市場(Korea New Exchange)は2013年7月に開設された株式市場で、KOSDAQの上場要件を満たさないが、成長潜在力の高い新興中小企業及びベンチャー企業の資金調達を目的に設立された。韓国取引所で運営しており、KONEXの株価指数はない。

2)上場企業数と時価総額
①上場企業数

　KOSPI市場とKOSDAQ市場は韓国の2大証券市場である。上場企業数と時価総額は株式市場の規模を表す指標として使われる。KOSPI市場の上場企業数は1996年760社、2021年824社で、25年間に64社が増えた。KOSDAQ上場企業数は1997年359社であったが、IMF経済危機があった1998年には28社減

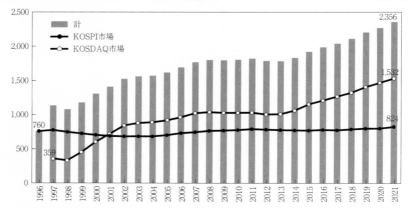

図表3●上場企業数（KOSPI・KOSDAQ市場）　　　　　　　　　　（単位：社）

出典：韓国取引所HPにより筆者作成

少し、2009年グローバル経済危機には10社減少した。その後増加し続け、2021年現在の上場企業は1,532社で、KOSPI市場上場企業数より708社多い〈図表3〉。

　KONEX市場の上場企業数は市場開設初年度の2013年には45社が上場し、2014年34社へと減少した。2015年49社、2016年には50社まで増加したが、その後減少し続け、2020年12社、2021年には2社しか上場していない。KONEX上場企業数が減少し続ける理由としては、KOSDAQ市場の上場基準が緩和されたこと、KOSDAQ市場が2005年から技術特例上場制度を導入し、特例適用業種を拡大してきたこと、上場手続きが簡素化したことにより、KOSDAQ市場での上場が増加したことがあげられる。

②上場企業の時価総額

　上場企業の時価総額は、「株価×発行済株式数」で、その企業の規模を示す。韓国取引所の時価総額は、上場企業の時価総額を合計したもので、韓国取引所の市場規模を示す。

　KOSPI市場とKOSDAQ市場の時価総額はともに増加している〈図表4〉。全体時価総額の中でKOSDAQ市場の時価総額が占める割合は1997年9.1％から増加し続け、2021年には446兆ウォン（16.8％）を占めている。

図表4 ●時価総額（KOSPI・KOSDAQ市場）　　　　　　　　　　　　　　（単位：千億ウォン）

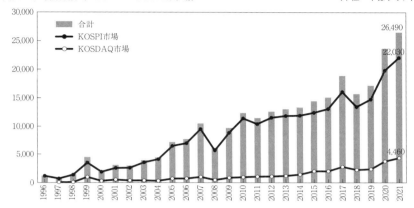

出典：韓国取引所HPにより筆者作成

3. 株価指数

　株価指数は、取引所全体の銘柄群の株価の動きを表すものである。韓国総合株価指数（KOSPI：Korea Composite Stock Price Index）は、1983年1月4日から時価総額式で作成、発表している。KOSPIは、KOSPI市場に上場された普通株の全銘柄の時価総額を、1980年1月4日（基準年度）を100として算出される。一方KOSDAQは、KOSDAQ市場に上場された普通株の全銘柄の時価総額を、1996年7月1日を1,000として算出される。

　KOSPIとKOSDAQは全銘柄を対象とした株価指数であるため、時価総額の大きな銘柄（大型株）の動きに大きく影響される。また、KOSPIは、アメリカや中国との貿易交渉、対外情勢等の影響があれば大型株を中心に大きく変動する傾向がある。KOSDAQは国内外の景気変動、素材、部品、装備向けの政府の企業支援政策などを受ける銘柄を中心に変動する傾向がある。

　韓国取引所は、1994年6月からは、上場企業上位20社の代表銘柄を対象に「KOSPI 200」を発表した。「KOSPI 200」は、韓国取引所に上場された代表200銘柄の時価総額を示す。1990年1月3日、200銘柄の時価総額を100とし、比較時点の200銘柄の時価総額の指数を算出する。

図表5 ● KOSPIとKOSDAQ推移

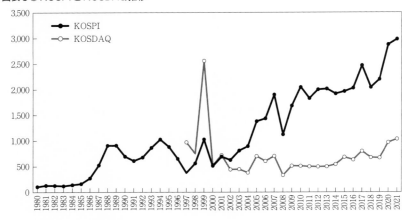

出典：韓国取引所HPにより筆者作成

　また、2000年1月からは、「KOSPI 50」と「KOSPI 100」を開発し発表した。両指数は、「KOSPI 200」の銘柄の中から産業区分なしで時価総額が大きい上位50銘柄と上位100銘柄を対象に、2000年1月4日を1,000として算出する。

　〈図表6〉は、2022年3月15日時点でのKOSPI上位20社を示している。銘柄を見ると、家電・電子、バイオ、インターネット関連分野、自動車、金融業など、現在の韓国経済の産業構造が理解できる。スマートフォンと半導体、家電で世界各国に進出している三星電子、同じく世界各国に自動車を販売している現代自動車と自動車部品専門会社である現代モービス、電子と自動車に使われる鉄鋼を供給するPOSCOが上位を占めている。金融業では、ネットバンクであるカカオ（KAKAO）バンクの企業価値の評価は、金融持株会社であるKB金融、新韓金融を上回っている。

　時価総額2位のLGエネルギーソリューションと9位の三星SDIは、SKオン（バッテリー製造会社で、2021年SKイノベーションから分割）とともに、韓国の電気乗用車バッテリー製造3社で、これら3社は、2021年世界の市場シェア33％を占める（2021年SNEリサーチ発表）。特に、三星SDIは、グローバル持続可能100企業に5年連続選定されており、2022年46位であった（カナダ経済専門誌Corporate Knights発表）。

図表6●KOSPI時価総額上位20社（2022年3月15日）　　　　　　　　　　（単位：億ウォン）

順位	銘柄（業種）	時価総額	順位	銘柄（業種）	時価総額
1	三星電子（家電・電子）	4,172,878	11	Kia自動車（自動車）	280,511
2	LGエネルギーソリューション（電気車バッテリー）	848,250	12	セルトリオン（バイオテクノロジー）	249,700
3	SKハイニックス（電子）	819,003	13	KAKAOバンク（ネットバンク）	248,983
4	NAVER（ポータルサイト）	538,081	14	POSCO（製鉄）	246,303
5	三星バイオロジック（製薬）	537,260	15	KB金融（金融）	234,216
6	三星電子優先株（家電・電子）	517,596	16	三星物産（総合商社）	213,051
7	KAKAO（インターネットサービス）	457,276	17	LG電子（家電・電子）	202,105
8	現代自動車（自動車）	348,279	18	新韓金融持株会社（金融）	196,050
9	三星SDI（電気車バッテリー）	334,196	19	現代モービス（自動車部品）	193,875
10	LG化学（総合化学）	314,489	20	KAKAOペイ（モバイル決済）	183,054

出典：韓国取引所HPにより筆者作成

第7部

労働市場・社会保険

第**18**講

賃金体系・最低賃金・労働組合

1. 賃金体系

　毎月支給される給与額は定額給与（日本の所定内給与額）、超過労働給与額、特別給与の月平均額によって決められる。2020年の場合、正規職の賃金は、定額給与94.8%、超過労働給与5.2%、特別給与（月平均）12.4%である。また、定額給与には、基本給が約8割、諸手当が約2割を占める（雇用労働部「勤労形態別実態調査」2020年）。ここで、基本給の主な算定基準によって、賃金体系は大きく、年齢や勤続年数を重視する「年功賃金制」、個人の能力と業績を重視する「年俸制」、企業全体の営業利益・売上高・純利益などの成果によって労働者の給与が決まる「成果配分制」に分けられる。

図表1 ●企業の賃金制度推移（常用労働者100人以上事業体対象、複数回答）　　　　（単位：%）

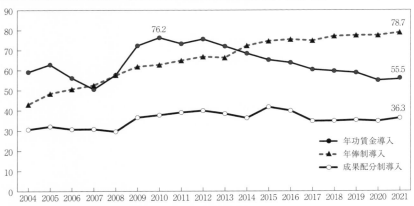

出典：雇用労働部『事業体労働力調査付加調査』により筆者作成

韓国の賃金体系は三つの段階で変化してきた。高度成長期では、事務管理職には年功賃金制度が一般的であった。1987年6・29民主化宣言後、労働組合運動が活発になってからは生産職労働者の賃金にも年功賃金制度を導入する企業が増えた。賃金体系における大きな変化は、1997年IMF経済危機後からである。IMFの融資条件として、労働市場でも自由競争体制が広がり、年功賃金代わりに年俸制と成果配分制を導入する企業が増えた。

　企業はこれら三つの賃金制度を並行して総合的に賃金を決める傾向がある〈図表1〉。従来は年功制を重視する企業が最も多かったが、2010年76.2％をピークに低下し、2021年55.5％を占める。年功制代わりに年俸制を導入する企業が増加傾向で、2021年78.7％を占める。成果配分制を導入する企業は3〜4割程度で大きな変化は見られない。

2. 最低賃金

1）最低賃金制度

　最低賃金制度とは、労働者の一定の生活水準を保障し、労働生産性を高めることが目的である。最低賃金法に基づき国が賃金の最低限度を定め、使用者は最低賃金の適用を受ける労働者に対し、その最低賃金額以上の賃金を支払わなければならない。韓国では、1986年12月31日に最低賃金法を制定し、1988年1月1日から実施している（日本は1959年制定）。

　韓国の場合、最低賃金額は、労働者委員9人、使用者委員9人、公益委員9人、計27人で構成された最低賃金委員会で審議され6月29日までに決定、雇用労働部長官が8月5日までに告示し、次年度1月1日から1年間適用（2007年から1月実施）している。最低賃金額は業種関係なく一律で、労働者1人以上のすべての事業または事業場で適用され、勤労基準法上のすべての労働者（正規・非正規・学生アルバイト・外国人労働者含む）に適用される。

　最低賃金と関連して毎年、論点になっているのは、最低賃金の引き上げ率と最低賃金の地域別・業種別に差別指定化することである。最低賃金の業種別差別化は現行法で実施可能であるが、地域別差別化のためには法改正が必要である。また、何を基準に差別化するか、どのぐらい細分化して差別化するかなど

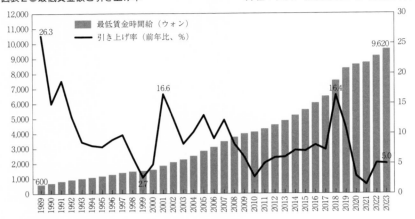

図表2 ● 最低賃金額と引き上げ率　　　　　　　　　　（単位：ウォン（左目盛り）、%（右目盛り））

出典：最低賃金委員会『賃金実態調査報告書』により筆者作成

に関して労使間の隔たりが大きく、実現するのは容易ではない。

　最低賃金引き上げ率は、1989年26.3％をピークに低下してきた。2001年には、前年度の高い成長率（1999年11.5％、2000年9.1％）を反映し、16.6％まで引き上げられた〈図表2〉。

　最低賃金10,000ウォン達成による所得主導成長は、2017年5月スタートした文在寅政府の経済政策の3本柱の一つで、2018年には最低賃金率を16.4％まで引き上げられた。しかし、最低賃金の急激な引き上げにより、零細自営業者、小商工人、中小企業等が大きな打撃を受け、また2020～2021年はCOVID-19パンデミックによる経済成長率低下により、最低賃金率の引き上げ率は調整された。2022年の最低賃金の時間給は前年に比べて5.05％増の9,160ウォン、2023年は5.02％増の9,620ウォンである。

　一方、最低賃金が高まると、零細事業主の経営条件が悪化し、雇用減少につながることから、政府は、零細事業主の負担を軽減し、労働者雇用を維持するため、2018年1月「雇用安定資金」を導入し、最低賃金制度を遵守する30人未満の事業場を支援してきた。2022年の雇用安定資金の適用対象は、従来通り30人未満の事業場で、月平均報酬230万ウォン未満の労働者1人当たり月3万ウォンを6か月間支援している。

2）最低賃金未満率

　1988年の最低賃金制度施行以来、最低賃金額は毎年引き上げられてきたが、最低賃金が支給できない零細企業も増え、最低賃金未満で働く労働者も増えてきた。特に最低賃金引き上げ率が徐々に高まった2011年以後、最低賃金未満率も高まり、2019年には労働者の16.5％を占める〈図表3〉。

　最低賃金額以下の賃金を支給する使用者には「3年以下の懲役または2千万ウォン（約200万円）以下の罰金」が科せられる。しかし、違反企業への罰金が少なく、摘発されても最低賃金未払い分を支給することで済むことが多いことから改善が見られない（日本は、地域別最低賃金額以下は50万円以下の罰金、特定（産業別）最低賃金額以下は30万円以下の罰金。ドイツは最大50万ユーロの罰金（約6,500万円））。

図表3 ●最低賃金未満率　　　　　　　　　　　　　　　　　　　（単位：％）

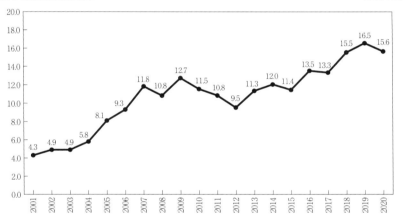

出典：韓国経営者総協会「2020年最低賃金未満率分析結果と示唆点」（統計庁『経済活動人口勤労形態別付加調査（8月）』ローデータに基づく）により筆者作成

3．労働組合

1）全国組織と組織率

　労働組合の2大全国組織（ナショナルセンター）は、「韓国労働組合総連盟」（韓国労総）と「全国民主労働組合総連盟」（民主労総）である。韓国労総は1946

年3月10日に結成された「大韓労総」が1960年11月25日に「全国労協」と統合して誕生した。

　1987年の民主化運動の広がりを背景に、当時唯一の全国組織であった韓国労総を拒否し、自主性と民主性を持った労働組合を作るための労働運動が展開され、1995年11月11日、民主労総は非公認のまま結成され創立大会を開催した。1997年の労働法改正により、民主労総は1998年11月23日に合法化された。

　韓国労総は結成の経緯から長い間、政府と協調姿勢で穏健路線を歩んできたが、民主労総は急進的闘争路線をとっているので、こうした運動方針の違いから民主労総とは対立関係になることもある。

　その他、全国組織として、公共サービス労働組合総連盟（公共労総）（2016年12月設立）、大韓労総、全国労総がある。組合員数は（2020年）、民主労総が41.1％で最も多く、韓国労総40.4％である。その他、公共労総2.8％、大韓労総0.6％、全国労総0.2％、未加盟労働組合員14.9％である。

　労働組合数は1987年6月に韓国全土で大規模な民主化運動が広がったこと（6・29民主化宣言）を背景に急増したが、1989年に7,861単組をピークに低下し、2020年現在6,564個所である。組合数が2011年から再び増加しているのは、

図表4●労働組合数と労働組合組織率　　　　　　　　　　　　　　　（単位：個所、%）

出典：雇用労働部『全国労働組合組織現況』（毎年12月31日基準）により筆者作成
注：1）組織率＝（組合員数／組織対象労働者）×100、2）労働組合数＝単位労組（企業、地域業種労組）＋連合団体（総連合団体、産業別連合団体、全国規模産業別労組）

2010年1月1日の「労働組合及び労動関係調整法」改正により、2011年7月1日から「複数組合制度」が導入され、労働者は事業(所)単位で2つ以上の労動組合を自由に設立または加入することが可能になったからである。

　労働組合組織率(組合員数／組職対象労働者数)は1980年代前半までは低下傾向であったが、1987年の民主化運動の広がりとともに1986年の16.8%を底とし急上昇した。組織率は1989年の19.8%をピークとし、低下傾向であったが、2011年に複数組合制度が導入されたことを背景に、組織率も少しずつ高まり、2020年は14.2%である〈図表4〉。

2)組織形態別・部門別組織率

　労働組合の全国組織傘下には組織形態別に、単位組織として企業別組合、地域別・業種別組合、産業別組合がある。企業別組合は事業または事業場単位で設立される組合で、組合員数の39.6%、組合数別には90.5%を占めている。産業別組合は、事業場の規模に関係なく同一産業に従事するすべての労働者が加入可能なので、企業別組合では組織が難しい零細中小企業労働者と非正規労働者の組織化が容易である。産業別組合員数は52.9%で多いが、組合数は2.8%で少ない〈図表5〉。

図表5 ●労働組合の組織形態別組合員数と組合数（2020年）　　　　　（単位：人、個所、%）

	単位組織				連盟団体
	全体	企業別組合	地域・業種別組合	産業別組合	
組合員数	2,804,633（人）	1,109,480	187,920	1,483,634	23,599
	100（%）	39.6	6.7	52.9	0.8
組合数	6,564（個所）	5,941	370	186	67
	100（%）	90.5	5.6	2.8	1.0

出典：雇用労働部『全国労働組合組織現況』(2021年12月)により筆者作成

　部門別労働組合組織率を見ると(2020年)、民間部門11.3%、公共部門69.3%、公務員部門88.5%、教員部門11.3%である。公務員の労働組合設立は2006年に自由化された。民間部門に比べて公共部門と公務員部門の組職率が高いのは、公共サービス部門従事者と公務員の場合、職種が比較的共通しているので結束

力が高く、組織化が容易である点である。

　教員の労働組合設立の努力は1987年の民主化運動とともに広がり、1998年「教員の労働組合設立及び運営などに関する法律」が制定され、教員の労働組合設立が認められた。教員労働組合組織率は2004年27.3％をピークに低下傾向で、若い教員の組合離れが主な原因としてあげられる。

|||||||||||||||||||　［コラム］　6・29民主化宣言と大企業の労働組合結成　|||||||||||||||||||

　1987年6月、韓国全土で大規模な民主化運動（6月民主抗争）がおこり、1987年6月29日、民正党大統領候補であった盧泰愚（ノ・テウ）は大統領直接選挙制改憲を旨とする民主化宣言を発表する（6・29民主化宣言）。民主化宣言直後から、労働者は「民主労働組合の設立」「賃金引き上げ」「労働条件の改善」などを求め、各地でストライキやデモを展開した。

　1987年7月5日、現代（ヒョンデ）グループの現代エンジンが現代グループ系列社のなかでは初めて組合結成に成功したことを皮切りに、大企業での労働組合結成の動きが広がった。同年7月下旬、現代自動車、現代重工業、大宇（デウ）造船、韓国重工業などにも波及、同年8月17〜18日には蔚山（ウルサン）現代グループ労組連合による街頭デモには4万人余りが参加し、ストライキは最高潮に達した。

　三星グループの場合は、いままで労働組合設立を認めず、「無労組経営の原則」を貫いたが、系列会社である三星電子が2019年11月13日、雇用労働部に労組設立申告証を提出し、合法的な労組であることが認められた。三星電子労働組合は韓国労総の傘下で2019年11月16日に正式に発足された。

|||||||||||||||||||||||||||||||||||||||||||||||||||||||||||||||||||||||||||||||||||||||||||||||

第**19**講

若年労働・女性労働・高齢者労働

1. 若年労働

1）若年層（20〜29歳）の失業率と非正規雇用者率

　2021年の20代の失業率は男性8.7％、女性6.7％で、男女平均失業率より高い。若年男性失業率は2018年11.5％、若年女性失業率は2017年8.8％をピークに低下してきたが〈図表1〉、代わりに2018年以降、若年非正規雇用率が高まっている〈図表2〉。2021年時点で、若年雇用者の中で非正規雇用が占める割合は、男性若年36.9％、女性若年42.6％で、男女若年雇用の約4割が非正規として働いている。

図表1 ●若年層の失業率　　　（単位：％）

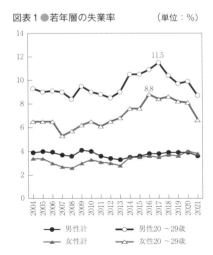

出典：統計庁『経済活動人口調査』

図表2 ●若年層の非正規雇用者率　（単位：％）

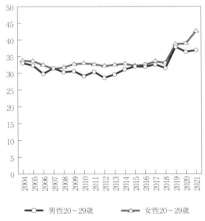

出典：統計庁『経済活動人口調査』

若年雇用不安は深刻な社会問題となっており、就業、結婚、出産まであきらめる「3ポ世代」がはやり言葉になっている（ポとは「あきらめる」という韓国語「ポギ」からきている）。

　若年雇用対策は歴代政府に共通した課題であった。盧武鉉政府の時は公共部門雇用と職場体験機会増加対策を、李明博政府は中小企業青年インターン・シップ制度と海外就業拡大対策を、朴槿恵政府は職業教育高校を増やし企業が求める人材を育成する対策を打ち出したが、問題を解決することができなかった。文在寅政府は、公務員の新規採用増加、公共部門の非正規職の正規職転換に焦点を当てた政策を実施し、若年失業率は若干低下したが、公務員数の急増により財政負担が重くなり、非正規雇用はむしろ増加した。

2）求人・求職のミスマッチ

　若年失業率に最も影響を及ぼすのは景気変動的要因である。企業の新規採用の主な対象は若年層で、企業は好景気の場合は新規採用を増やし、不況期には新規採用を減らす傾向がある。従って、若年雇用は他の年齢層より景気状況に敏感に反応する傾向がある。

　若年層の高い失業率のもう一つの主な要因は求人募集企業と求職者のニーズが一致しないことである。未充足求人とは、企業が積極的な求人をしたにもかかわらず採用できなかった人員である。「未充足求人率」は2012年から低下する傾向であったが、2021年に再び高まり、2021年14.2％である〈図表3〉。

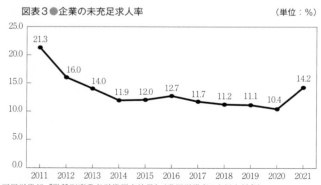

図表3 ●企業の未充足求人率　　　　　　　　　（単位：％）

出典：雇用労働部『職種別事業者労働調査結果』（常用労働者5人以上対象）
注：1）未充員人員＝求人人員－採用人員、2）未充足率（％）＝（未充足人員／求人人員）×100

未充足率は企業規模が小さいほど高く、300人未満では16％であるが、300人以上規模では6.3％である〈図表4〉。求人未充足理由の上位4位をみると、300人未満規模の企業では、「賃金水準などの労働条件が求職者の期待と合わないため」（25.0％）、「企業側が求めるキャリアを持つ志願者がいないため」（19.1％）の順であった。300人以上企業では「企業側が求めるキャリアを持つ志願者がいないため」（27.4％）、「企業が求める学歴・資格を持つ志願者がいないため」（17.2％）の順である。

図表4 ●未充足求人理由の上位4位　　　　　　　　　　　　　　　　　（単位：％）

	未充足率	賃金水準等労働条件のミスマッチ	企業が求める学歴・資格を持つ志願者がいなかったので	企業が求める経歴を持つ志願者がいなかったため	求職者が忌避する職種であるため
5人以上計	14.2%	23.3	15.0	21.3	12.3
300人未満	16.0%	25.0	14.2	19.1	15.2
300人以上	6.3%	18.8	17.2	27.4	4.5

出典：雇用労働部『職種別事業者労働調査結果』（常用労働者5人以上対象）2021年下半期
注：1）未充足員人員＝求人人員－採用人員、2）未充足率（％）＝（未充足員人員／求人人員）×100。

3）大卒就職率と就職経路

　大卒者の就職率の過去10年間の推移をみると、専門大学卒（日本の短大卒）のほうが4年制大学卒より高い方で、そのギャップは大きくなっている。特に、4年制大卒者の就職難は深刻で、COVID-19パンデミックが始まった2020年には就職率61％で、過去最低であった〈図表5〉。

　大卒者の主な就職経路を2004年と2021年で比較すると〈図表6〉、家族や知合い、職場や学校の紹介と推薦による就職、企業の特別採用による採用は減少した。代わりに、新聞・雑誌・ネット応募と公開試験による採用が増え、全体の6割を占めている。

　企業の定期公開採用は(募集広告、試験等により、公開して採用することで、略称で「公採」という)、年2回(上・下半期)実施し、書類・試験・面接で採用する方式で、1956年11月、三星物産(サムスン)が大卒新入社員募集広告を出したのが始まりで、これまで大企業の新入社員採用方式の標準になってきた。

　公採募集は年間採用人数が確実で、短時間で大規模な人材を選ぶことができ

るという点でメリットがあったが、近年は、経営環境変化の状況に合わせて必要な時に、必要な人員を書類と面接のみで採用する「随時採用方式」を導入する大企業が増えている。就職ポータルインクルートの調査結果によると、大企業の場合、公開採用は2019年下半期56.4％から2020年上半期42.1％に低下し、随時採用比率は2019年24.5％から2020年上半期36.3％に高まった。

図表5●短大卒・大卒者の就職率　（単位：％）

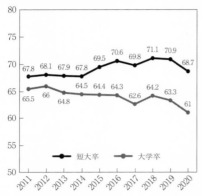

出典：韓国教育開発院『高等教育機関卒業者就業統計』により筆者作成

図表6●大卒者の就職経路　（単位：％）

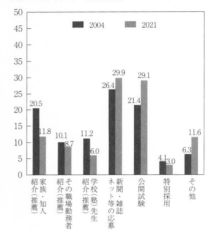

出典：統計庁『経済活動人口調査-青年層付加調査』（5月調査）により筆者作成

4）大学生の休学実態

　韓国では大学生の就職難とともに大学の休学者も多い。2021年時点での平均休学期間は、男性28か月、女性14か月である〈図表7〉。男性の休学期間が女性より長いのは、韓国では満19歳以上の男性は兵役義務があるからである。一方、男性の平均休学期間が2010年34か月から2021年28か月へと短くなったのは、軍服務期間が、2011年には陸軍・海兵1年9か月、海軍1年11か月、空軍2年であったが、2020年からは陸軍・海兵1年6か月、海軍1年8か月（空軍は変更なし）へと短くなったことによる。

　大卒者の平均休学経験、休学の理由を2010年と2021年で比較すると〈図表7〉、男女ともに、休学経験者は男性は74.3％から75.4％、女性は18.4％から27.8％へと高まった。大学生が卒業を先送りするのは、入社時に卒業年度を制

限する企業が増えていることから、卒業とともに失業者になるより、学生の身分を維持したまま就職活動をするほうが就職に有利であるからである。また語学の準備、各種資格証の取得など、就職準備をした上で新卒者として就職活動をする大学生が増えている。

　2021年の休学経験者の休学理由をみると、男性は「兵役義務履行」が95.9％で最も多く、次に「就職及び資格試験準備」「学費・生活費を稼ぐため」の順であり、平均休学期間は28か月である。女性の場合、過去10年間で休学経験者が18.4％から27.8％へと高まっており、主な休学理由として、「就職及び資格試験準備」が37.4％から52.6％へと高まった。

図表7●大卒者の休学経験及び平均休学期間　　　　　　　　　　　　　　（単位：％）

		休学有無		休学経験者の休学理由（複数回答）					平均休学期間（か月）
		休学経験なし	休学経験ある	兵役義務	就職及び資格試験準備	語学研修・インターン等現場経験	学費・生活費を稼ぐため	その他	
2010年	男性	25.7	74.3 (100%)	95.2	12.0	9.4	7.1	5.6	34
	女性	81.6	18.4 (100%)	0.0	37.4	27.7	27.1	17.6	15
2021年	男性	24.6	75.4 (100%)	95.9	12.5	4.8	8.1	3.1	28
	女性	72.2	27.8 (100%)	0.0	52.6	22.9	18.3	25.1	14

資料：統計庁『経済活動人口調査-青年層付加調査』（5月調査）により筆者作成
注：休学理由は複数回答であるため、合計は100％を超える。

5）大学生の公務員試験準備

　2017年5月にスタートした文在寅（ムンゼイン）政府の選挙公約の一つは若年雇用対策として「任期中に公務員17万4,000人増員」であった。文在寅政府発足当時の2017年5月の行政部国家公務員数は63万1,380人であったが、毎年増え、2021年12月には75万824人となり、文在寅政府4年間で18.9％増加した〈図表8〉。

　〈図表7〉で確認したように、大学休学の理由として2010年に比べて2021年に特に高まったのが「就職及び資格試験準備」で、多くの大学生が主な就職先として公務員試験を準備している。2022年1月時点で（就業ポータルジョブコリア調査）、大学生の29.36％が「公務員試験準備をしている」、また、44.3％は「現在

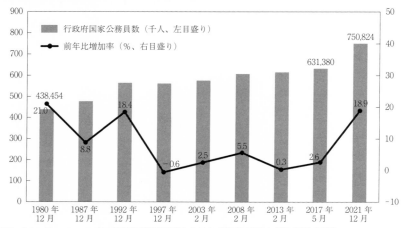

図表8●行政部国家公務員定員数と前年比増加率　　　　　　　　　　（単位：千人、%）

出典：https://www.org.go.kr/ 政府組織管理情報システム「公務員定員」2021 年 12 月基準
注：2021 年公務員数は 1,156,952 名で、行政部国家公務員 750,824 名（64.9%）行政部地方公務員 380,819（32.9
%）その他（2.2%）である。

はしていないが今後準備を考えている」と答え、大学生の74%が就職先として
公務員を考えている。公務員になりたい理由として、「職が安定し定年まで働
ける」「就職が難しいから」「定年後の年金」の順である。

　公務員数増加により、政府予算の中で公務員人件費も膨らんできた。また多
くの若者が公務員試験にしがみついているため、特に中小企業の人手不足の原
因にもなっている。

6）高卒と大卒の賃金格差

　韓国の大学進学率はOECD諸国の中でも最も高い水準である。中学生の高
校進学率は 1980 年 84.5%、2021 年 99.7% である。高校卒業者の大学進学率は
1980 年 27.2%、2000 年 68%、2010 年 79%、2021 年 73.7% で、高校卒業生の 10
人に 7～8 人が大学へ進学している（韓国教育開発院『教育統計分析資料集』）。

　韓国で大学進学率が高い要因の一つは、高卒と大卒との賃金格差である。男
性正規雇用の場合、年功賃金中心の賃金体系を導入している企業が多い。高
卒・大卒の年齢賃金曲線を男女別にみると〈図表9〉、男性の方が女性より、大
卒男性の方が高卒男性より、賃金曲線の傾きが急で、年齢と勤続年数とともに

図表9 ●高卒・大卒の年齢賃金曲線（2020年）
（5人以上企業、月平均賃金総額）
（単位：千ウォン）

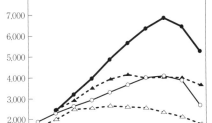

図表10 ●高卒・大卒の正規職と非正規職の賃
金格差（5人以上企業、月平均賃金総額）
（単位：千ウォン）

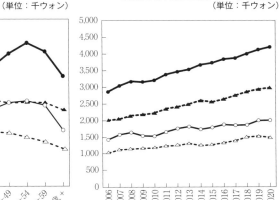

出典：雇用労働部『雇用形態別勤労実態調査』　　　出典：雇用労働部『雇用形態別勤労実態調査』

賃金が高まっている。

　同じ大卒であっても正規職と非正規職との賃金格差が大きく、その格差はよ
り大きくなっている傾向である〈図表10〉。2020年の大卒者正規職賃金は月額
420万ウォン、大卒非正規職賃金は月額201万ウォンで、賃金格差は2倍以上
である。

7）大企業と中小企業の大卒賃金格差

　同じ大卒者であっても大企業と中小企業との賃金格差が大きい〈図表11〉。
2020年卒業生を対象にした調査で、大卒者の平均初任給は月244万1千ウォン
で、日本の大卒者の平均初任給（月22万6,000円、厚生労働省調査）より高い。
　大卒正規職の平均初任給の年俸（定額給与、超過労働給与、特別給与含む）を
企業規模別にみると、300人以上では5,084万ウォン（月平均423万ウォン）、
300人未満では、2,899万ウォン（月平均241万ウォン）で、約2倍の差がある。
2021年、公企業の初任給年俸の1位は韓国原子力研究院5,272万ウォン、2位は
中小企業銀行5,184万ウォンである。2021年調査で、民間企業の中で大学生に

もっとも人気が高い就職先である三星電子の初任給年俸は6,663万ウォンで、民間企業の年俸順位5位である。

　大企業・中小企業との賃金格差により、多くの大卒者は、大企業(19.5％)、公務員(17.8％)、公企業(17.7％)への就職を求めている〈図表11〉。しかし、大企業や公企業の大学新卒の採用競争率は約35.7％で非常に高く(韓国経営者総協会2017年調査)、現実の予想就職先は、中小企業29.9％、中堅企業20.3％である。このような大学新卒者の大企業志向により、大卒者の就職率は近年低下しているが、3K業種の中小企業は深刻な人手不足の状態である。

図表11 ● 大卒者初任給と大学生の希望就職先（2020年調査）　　　　　（1,000ウォンは約100円）

大卒者の初任給(単位：％、ウォン)						
大卒平均初任給	大卒初任給別占める割合(％)					大卒正規職平均初任給(年俸)
	100万未満	100〜200万未満	200〜300万未満	300〜400万未満	400万以上	
244.1万ウォン	2.1	31.2	42.2	15.5	9.0	300人以上：平均5,084万ウォン 300人未満：平均2,899万ウォン
大学生の希望就職先と現実(複数回答)　(単位：％)						
	大企業	国家公務員	公社等公企業	中堅企業	中小企業	外資系企業	金融機関
希望就職先	19.5	17.8	17.7	15.7	11.9	9.4	3.5
予想就職先	7.7	16.0	11.5	20.3	29.9	5.1	1.9

出典：「大卒者初任給平均」は、韓国教育開発院『高等教育機関卒業者就業統計』2020年調査結果。「大卒正規職初任給」は、韓国経営者総協会・雇用労働部『雇用形態別労働実態調査のローデータ2020年の分析結果』。「大学生の希望就職先と現実」は、韓国大学教育協議会・韓国経済研究院「コロナ19、非対面産業動向と大学生就職認識分析」により筆者作成

2. 女性労働

1）女性雇用者増加と職業キャリア中断

　女性労働力率は1970年には39.3％で低かったが、徐々に高まり、2021年には53.3％である〈図表12〉。女性就業者は従業上の地位別に雇用者、家族従業者、自営業者で分類される。高度成長と経済のサービス化とともに女性の就業機会。が増え、女性雇用率は持続的に上昇した。15歳以上女性の中で、雇用者として働く女性雇用者率はIMF経済危機であった1998年以外は上昇し続けて、

図表12●女性労働力率の推移 （単位：%）

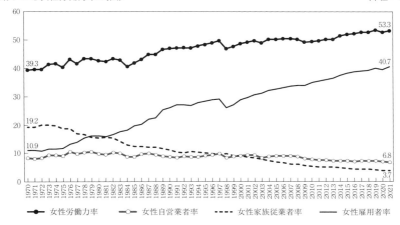

出典：統計庁『経済活動人口年報』により筆者作成
注：1）女性労働力率＝（女性経済活動人口／女性15歳以上人口）×100、2）女性の雇用者率、家族従業者率、
　　自営業者率も同じく女性15歳以上人口で占める割合である。

2021年40.7％である。女性家族従業者率は1970年19.2％から低下し続け、2021
年3.7％であり、女性自営業者率は、大きな変動がなく、2021年6.8％である。

　一方、女性の年齢階級別雇用者率の1970〜2020年までの推移をみると、15
〜19歳層は、女性の高い大学進学率を反映し、雇用者率が低いが、他の年齢
層では高まっている〈図表13〉。特に出生率の低下や家電製品の普及は中高年
女性の労働市場への進出を促進する要因になって、1970年代頃から中高年層
の雇用者率が高まっている。しかし、既婚女性の仕事と育児の両立が難しく、
25〜29歳層では結婚・出産・育児のため仕事をやめる傾向が根強く残っている。

　女性は職業キャリア中断により、再就職するときは非正規として働く人が多
く、女性の非正規雇用率は男性より高い。2003年以後の性別雇用者の中で非
正規雇用が占める割合を見ると〈図表14〉、男女ともに非正規雇用率は若干低
下する傾向であったが、2019年から高まっている。2021年の非正規雇用者率は、
男性31％、女性47.4％で、女性雇用者の2人に1人は非正規雇用である。非正
規雇用の中で女性非正規が占める割合は2003年50.3％から徐々に高まってお
り、2021年55.7％で、非正規雇用の6割弱は女性である。

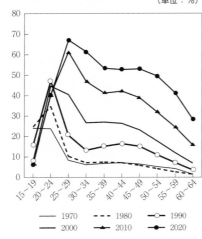

図表13 ●女性の年齢階級別雇用者率の推移
(単位：%)

凡例:
— 1970   --- 1980   ○ 1990
— 2000   ▲ 2010   ● 2020

出典：統計庁『人口総調査』により筆者作成
注：雇用者率＝（雇用者数/15歳以上人口）× 100

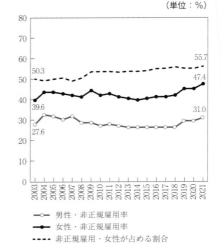

図表14 ●性別非正規雇用者率
(単位：%)

凡例:
○ 男性・非正規雇用率
● 女性・非正規雇用率
--- 非正規雇用・女性が占める割合

出典：統計庁『経済活動人口調査付加調査』各8月
注：性別雇用者の中で正規と非正規が占める割合

2）職場での男女格差（OECD諸国比較）

　OECD諸国の職場での男女平等度を示す尺度として、ガラス天井指数（または グラスシーリング（GCI: Glass Ceiling Index））と男女賃金格差を比較すると、 韓国は最下位水準である〈図表15〉。

　ガラス天井とは、企業における管理職への昇進や意思決定への登用を妨げる 要因として用いられている。イギリスの経済週刊誌エコノミスト（*The Economist*）は、OECD加盟国38か国のうち、29か国のガラス天井指数を2013 年から毎年3月8日の「国際女性デー」に合わせて発表している。指数計算には、 女性の管理職比率、男女賃金格差など、10項目の現況を総合して100点満点で 算出する。

　2022年3月発表のガラス天井指数によれば、調査対象OECD29か国の中で 韓国は29位、日本は28位である。1位はスウェーデン、2位はアイスランド、 3位はフィンランド、4位はノルウェーで、北欧4か国がトップに立っている。

　一方、OECD諸国の男女賃金格差は、正規雇用と自営業者の賃金所得に基づ き、男性と女性の中央値所得の差を指数化したものである。2020年調査結果

で（42か国対象）、韓国の男女賃金格差は31.5で最下位である。男性の正規雇用の賃金が100の場合、女性正規雇用は男性より31.5％少なくもらうことである。韓国の男女賃金格差指数は、OECD平均11.6、EU27か国平均10.8をはるかに上回っている。日本は22.5で41位であるが、韓国31.5との差が大きい。

　韓国の男女賃金格差が大きい主な原因は、出産・育児期の女性の職業キャリア中断により勤続年数が男性に比べて短く、また、職歴が中断した女性が再就業するときは賃金が低い単純労務職や雇用が保証されない非正規職として働く人が多いためである。政府は、出産・育児期女性の継続雇用を促進するため、育児休業制度などの諸制度を導入しているが、大きな成果は見られない。

図表15●OECD主要国のガラス天井指数・男女賃金格差

国名	スウェーデン	アイスランド	フィンランド	フランス	イギリス	ドイツ	日本	韓国
ガラス天井指数順位 （2022年・29か国対象）	1位	2位	3位	7位	17位	18位	28位	29位
男女賃金格差指数 （2020年・42か国対象）	7.4	12.9	17.2	11.8	12.3	13.9	22.5	31.5

出典：https://www.economist.com.the-glass ceiling-index（Mar.8th 2022）. https://data.oecd.org.Gender-wage-gap（2021）により筆者作成

||||||||||||||||||||||||||||||||||||||||||| ［コラム］　女性家族部の行方 |||||||||||||||||||||||||||||||||||||||||||

　女性家族部は、女性の地位向上のために、2001年1月政府組織法に基づき作られた部署で、歴代政権の女性政策によって、数回、名称と担当業務が変更されてきた。2022年の政府予算の割当額も政府組織の中でも18位で低く、0.24％に過ぎない。第20代尹錫悦大統領は廃止を選挙公約の一つにしたが、女性団体の反発が強く、その行方が注目されている。

　2001年1月設立・女性部（担当：女性）→2004年3月・女性部（担当：女性・保育）→2005年3月・女性家族部（担当：女性・保育・家族）→2008年2月・女性部（担当：女性）→2010年3月→女性家族部（担当：女性・青少年・家族）→2022年・廃止検討中。

|||||||||||||||||||||||||||||||||||||||||||||||||||||||||||||||||||||||||||||||||||||||||||||||||||||||||||||||||||||||

3. 高齢者労働

1）老齢者労働と高齢者雇用法

　韓国は人口の高齢化が急速に進んでいる。総人口の中で65歳以上の人口が占める割合である高齢化率は2000年7％で高齢化社会となり、2017年には14.2％で高齢社会となった。また、2025年には20.3％に達し超高齢社会となり、2060年には41.0％になることが予測されている〈図表16〉。

図表16●高齢化率の推移　　　　　　　　　　　　　　　　　　　　（単位：％）

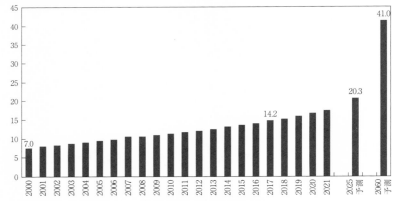

出典：統計庁統計政策課、統計庁『高齢者統計』（2025年と2060年は予測値）により筆者作成
注：高齢化率（％）＝（65歳以上人口数÷全体人口数）×100

　高齢化とともに、労働市場での高齢労働者数も増えてきた。全体労働者のなかで、55歳以上の労働者が占める割合は、2012年10％から2020年19.9％へと高まっており、企業規模が小さいほど多い〈図表17〉。一方、65～79歳以上人口の中で、就業している高齢者の割合（高齢者雇用率）は、2017年から急速に高まり、2021年42.4％である〈図表18〉。

　高齢者が増えていることから、政府は、中高年の労働生活を延長して、所得水準を高めるとともに、年金などの財政負担を軽減するため、2013年5月、「雇用上の年齢差別禁止及び高齢者雇用促進に関する法律」（略称：高齢者雇用法）を改正し、定年を「60歳以上」（公務員は2008年から60歳定年）に延長した。

図表17 ●企業規模別55歳以上労働者割合
（常時労働者300人以上企業）（単位：％）

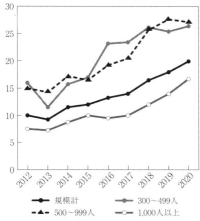

凡例：
- 規模計
- 300〜499人
- 500〜999人
- 1,000人以上

出典：雇用労働部『高齢者雇用現況』

図表18 ●高齢者雇用者率（65〜79歳）
（単位：％）

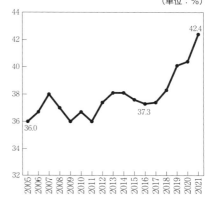

出典：統計庁『経済活動人口調査高齢層付加調査』
注：高齢者雇用率は65〜79歳人口の中で就業している人口の割合

　法第19条により、定年制を導入している企業は労働者の定年を60歳以上に定めなければならない。60歳定年改正案は、2016年1月から公企業と公共機関、300人以上の事業場で実施し、2017年1月からは地方自治団体、300人未満事業場で実施された（日本は、2013年「高年齢者雇用安定法」改正により定年を60歳から65歳定年へと引き上げ（経過措置期間）、2025年4月から定年制を採用しているすべての企業において65歳定年制が義務となる）。

　しかし、定年を60歳にしても韓国の国民年金の老齢年金の受給開始年齢は62歳であるので（段階的に高まり、2023年には63歳、2028年には64歳、2033年には65歳となる）、定年後から年金受給開始前までの高齢者の生活費が問題となる。

2）60歳定年実施と賃金ピーク制

　高齢者雇用法で定めた60歳定年は、定年制を導入しているすべての企業が対象である。定年制を採用している企業は、2014年17.9％から徐々に高まり、2019年22.6％である。企業規模別には規模が大きい企業であるほど定年制導入比率が高く、4人以下では13.9％であるが、300人以上企業では93.0％である〈図表19〉。

図表19●定年制と賃金ピーク制導入実態

（単位：％）

	企業計						企業規模別（2019年）		
	2014	2015	2016	2017	2018	2019	4人以下	5～299人	300人以上
定年制実施比率（％）	17.9	18.7	19.8	19.8	22.8	22.6	13.9	41.3	93.0
定年制実施企業の賃金ピーク制導入率（％）	9.9	12.1	17.5	21.8	21.5	21.7	17.2	24.7	54.1

出典：雇用労働部『事業体労働力調査付加調査』（常用労働者1人以上1,565千社対象）

　ところが、年功賃金中心の賃金体系が一般的になっている韓国では、60歳定年実施による雇用延長は企業の人件費負担増加になる。60歳定年制を定めている企業で、一定年齢以上になれば賃金を減額する「賃金ピーク制」を導入した企業は、60歳定年改正案が実施された2016年には17.5％、2019年には21.7％へと高まっており、特に300人以上企業では54.1％が導入している。

　法定定年年齢は60歳へと高まったが、大企業・金融機関を中心に名誉退職（企業が人件費削減の目的で、40代後半の労働者に割増退職金で退職を勧告する）などの早期退職慣行が広がっており、実際の平均退職年齢は60歳をはるかに下回る。2021年の統計庁データ（未来アセット投資と国民年金センターによる統計庁『経済活動人口調査』（2021年）の分析結果によれば、55～64歳労働者の場合、「最も長い期間従事した雇用」から退職した年齢の平均は49.3歳である。退職理由として、非自発的早期退職が41.3％で最も多く、定年退職の割合は9.6％に過ぎない。

第**20**講

社会保険制度

　社会保険は、社会保障制度の基本的な仕組みで、人生の様々なリスクに備えて、保険の方法でお金（保険料）を出し合って、国民の健康と所得を保障する制度である（社会保障基本法第3条）。社会保険制度は、疾病、傷害、失業、老齢に備えての社会安全網として各社会保険法に基づき加入を義務付けている。

　韓国の4大社会保険は、「労災保険」「健康保険（老人長期療養保険含む）」「公的年金」「雇用（失業）保険」である。4大社会保険の中で、労働者の雇用や生活を守るための制度である労災保険と雇用保険を合わせて「労働保険」と総称し、健康保険と公的年金を合わせて「社会保険」と総称する。

　2010年から4大社会保険統合により、4大社会保険の保険料は2011年から国民健康保険公団が一括徴収しており、保険料算定基準は、賃金ではなく、所得税法に基づき、非課税所得を除いた所得（報酬）月額である。社会保険の費用は、使用者、被用者及び自営業者が負担することが原則であるが、関係法令の定めにより国家がその費用の一部を負担することができる。

1. 労災保険と雇用保険

1）労災保険（産業災害補償保険）

　労災保険制度は1963年「産業災害補償保険法」制定により、1964年7月から施行している。労災保険は、労働者の業務上または通勤上の負傷、疾病、傷害、または死亡に備えて、使用者から保険料を徴収し、使用者の代わりに保険料基金により災害労働者やその遺族に給付する制度である。

　2000年7月からは雇用形態に関係なく、1人以上の全事業所が加入対象である。労災保険料は全額使用者負担で（2021年7月から、特殊形態労働従事者は

本人が希望すれば加入可能であり、保険料は労使折半で負担する)、労災保険
の運営は勤労福祉公団が担当している。

　国民年金の加入対象外である各種特殊職域年金(公務員年金、軍人年金、私
立学校職員年金、別定郵便局職員年金)の加入者は労災保険の対象ではなく、
各職域年金公団が災害補償金を支給する。

2)雇用保険

　雇用保険制度は1993年12月「雇用保険法」が制定され1995年7月から施行し
ている。導入当時は30人以上の事業所が対象であったが、1998年10月からは
1人以上のすべての事業所が適用対象である。雇用保険には、失業給付の他に、
失業の予防、雇用機会の拡大、雇用福祉事業などが目的である雇用安定・職業
能力開発事業(2006年1月から両事業を統合)の2事業がある。

　雇用保険業務は勤労福祉公団と雇用労働部雇用センターが担当している。雇
用保険の「失業給付」保険料は労働者報酬月額の1.8％ (2022年7月基準)を労使
折半で負担し(労働者負担分0.9％)、「雇用安定・職業能力開発事業」保険料は
事業主が全額負担する。

　雇用保険加入対象労働者は、「1か月間所定労働時間が60時間以上(1週15時
間以上)」である、但し、「3か月以上続けて従事した人」と「1か月未満雇われた
日雇い労働者」は加入対象である。一方、労災保険と同じく、国民年金ではな
く各種特殊職域年金加入者は雇用保険適用対象外である。また、外国人労働者
も原則、対象外である。

　雇用保険の失業給付は、雇用保険加入事業場で従事した労働者が経営上の解
雇、契約期間満了など非自発的事由により離職または失業した場合に、生活の
安定と再就職の促進のために「求職給付と就職促進手当」を支給(日本の失業保
険の基本手当)する制度である。

　退職前の18か月間180日以上の被保険者(但し、1週間の所定労働時間が15
時間未満で、所定労働日が2日以下の労働者で90日以上を労働した場合は、退
職前24か月間180日以上)が支給対象で、失業後12か月以内に申請しなければ
ならない。2019年1月からは、65歳以上の場合、65歳以前から被保険者であ
って、65歳以後も続けて雇われた場合は失業給付の対象となる。

失業給付金のうち、「求職給与」は、失業当時の年齢と雇用保険加入期間に応じて120日（被保険者期間1年未満の場合）～270日（被保険者期間10年以上で、50歳以上または障害者の場合）の範囲内で支給し、失業前平均賃金の60％を支給する（上限額：1日66,000ウォン、下限額：最低賃金額の80％）。

2. 健康保険

1）国民健康保険

　韓国の国民健康保険法は1963年に制定されたが、500人以上事業所労働者を対象に健康保険を実施したのは1977年である（1979年には公務員と私立学校教職員を対象に実施）。1981年には100人以上の事業所対象、1988年には農漁業村地域と5人以上の事業所対象、1989年から国民皆健康保険制度（日本は1961年）になった。

　1998年に地域医療公団と公務員・私学教職員医療保険が統合され、国民医療保険管理公団となった。1999年12月の国民健康保険法制定により、2000年7月、職場医療保険組合と国民医療保険管理公団が統合され、「国民健康保険公団」となった。

　国民健康保険加入者は「職場加入者」と「地域加入者」に区分される。職場加入者は、すべての事業所の労働者と使用者・公務員と教職員とその被扶養者が対象で、それ以外の者は、地域加入者となる。2020年基準で、職場加入者が70.5％、地域加入者が26.7％で、人口の97.2％が加入している。

　職場加入者の保険料率は（2022年基準）、労働者報酬総額の6.99％を労使折半で負担するが、公務員は6.99％を加入者と政府が折半、私立学校教職員は6.99％を加入者負担5割、使用者負担3割、政府負担2割で負担する。

2）老人長期療養保険（日本の介護保険）

　老人長期療養保険制度は、2007年4月「老人長期療養保険法」が制定され、2008年7月から実施している。高齢や老人性疾患などで日常生活を一人で行うことが難しい人に身体活動や日常生活支援などのサービスを提供し、老後生活の安定とその家族の負担を軽くするのが目的である。財源は、長期療養保険料

と政府及び地方自治団体負担及び利用者本人負担である。

　日本の介護保険(2000年施行)との違いは、保険料納付対象者である。韓国の老人長期療養保険は国民健康保険加入者全体が加入義務であるが、日本の介護保険は、40歳〜64歳までの医療保険加入者(第2号被保険者)と65歳以上の者(第1号被保険者)が加入対象である。

　老人長期療養保険の保険料は国民健康保険と合わせて徴収される。保険料率は健康保険料に長期療養保険料率12.27％をかけて算出し、労使折半で負担する。給付対象は、65歳以上の高齢者または老人性疾患を患っている65歳未満の者のうち、6か月以上の期間にわたって日常生活を行うことが困難で介護が必要であると認められる者で、長期療養等級(1〜5等級)によって給付サービスの内容が異なる。

　高齢人口の増加、老人長期療養保険制度の導入により、医療機関数だけでなく、療養病院数も増加してきた。療養病院には、病状が慢性期になった人、治療よりも長期にわたる介護が必要な高齢者が主に利用している。2006年には療養病院は360個所で医療機関78,051個所の0.5％であったが、2020年には療養病院は1,582個所で、医療機関96,742個所の1.6％である。

図表1●医療機関と療養病院の増加推移　　　　　　　　　　　　(単位：個所、%)

出典：国民健康保険公団『地域別医療利用統計』により筆者作成

3）医療費の本人負担金と本人負担上限制

　健康保険に加入した被保険者の場合、窓口での自己負担割合は年齢、疾患レベル、病院の種類によって異なる。自己負担割合は概ね、入院時は20％、外来診療時は病院の種類によって医院30％、病院40％、総合病院50％、上級総合病院60％である。

　医療費の自己負担額を軽減するため、2004年から「医療費自己負担上限制」を実施している。年間負担した医療費総額の中で、自己負担額の上限額は被保険者の所得水準、実施年度によって異なるが、2020年基準で、所得水準に応じて自己負担額が81万〜582万ウォンを超える場合、超過金額は健康保険公団が負担する。

　2020年度の自己負担上限制適用結果を見ると、適用対象者は所得下位50％以下と65歳以上高齢者が占める割合が高い。また、所得下位50％が全体対象者の84.1％で、全体支給額の68.3％を占める。

3. 国民年金

1）公的年金の区分

　韓国の公的年金制度は「1階建て」で、「国民年金」のほか、「特殊職域年金」として、公務員年金（1960年）、軍人年金（1963年）、私立学校教職員年金（以下、私学年金）（1975年）、別定郵便局職員年金（1992年）がある。

　一般国民対象の「国民年金制度」は1988年から始まるが、1999年に5人以上の事業場と自営業者まで加入対象となった。2003年7月からは1人以上の全ての事業場が加入対象となり、専門職種事業場、臨時・日雇い、時間制労働者の加入資格も緩和された。韓国の国民年金制度は歴史が浅く、国民年金が老年人口の貧困解消に十分な役割を果たしていないことから、高齢化とともに特に老後の貧困化が問題になっている。

2）国民年金の加入者区分と保険料率

　国民年金は国内に居住する18歳以上60歳未満の人が加入対象で、「職域年金加入者は対象外」である（第6条）。国民年金の「事業場加入者」は、1人以上の全

ての事業場で従事する労働者が対象で、条件を満たす短時間労働者や日雇い労働者も含まれる。「地域加入者」は農漁業者と都市の自営業者が加入対象である。

「任意加入者」は、18歳以上60歳未満の人で、事業場加入者や地域加入者ではない人が対象で、加入も脱退も自由である。任意加入の主な対象は、職域年金加入者の無所得配偶者、国民年金の事業場加入者と地域加入者及び任意継続加入者の無所得配偶者、老齢年金や退職年金等受給権者の無所得配偶者、18～27歳未満の学生と軍人で所得がない者である。

年金財政方式は、給付金の半分は加入者が現役時代に納付した保険料、残りの半分は現在働いている現役世代の保険料による「修正積立方式」を採択している。事業場加入者の保険料率は、労働者報酬月額の9％を労使折半で4.5％ずつ負担する。

3）国民年金の加入者実態

1988年国民年金を施行してから約30年間の加入形態別加入者推移をみると〈図表2〉、事業場加入者の場合（右目盛り）、1988年10人以上の事業場、1992年5人以上の事業場へと拡大適用され、加入者も増加推移であったが、1998年にはIMF経済危機による雇用調整の影響により加入者数が大幅に減少した。1999年から年金受給のための最低加入期間が15年から10年へと短縮されたこと、2003年7月からは、1人以上の事業場、条件を満たす日雇い労働者も加入対象になったことが背景に加入者数は毎年増加している。

地域加入者は（右目盛り）、1995年に農漁民を対象に実施してから1998年までは加入者数は横ばいであったが、1999年4月に都市自営業者が加入対象になったこと、また、1999年から最低加入期間が10年に短縮されたことにより、1999年には加入者数が急増した。任意加入者はごくわずかであるが（左目盛り）、2010年以後から加入者数が増えている。

任意継続加入者の場合（左目盛り）、1999年からの年金加入期間の短縮とともに2003年まで加入者数が著しく増えた。また、2017年10月の法改正により（第92条）、保険料未納期間に関して「追納」が可能になってから加入者数は再び急増した。

図表2●加入形態別加入者推移　　　　　　　　　　　　　　　　（単位：万人）

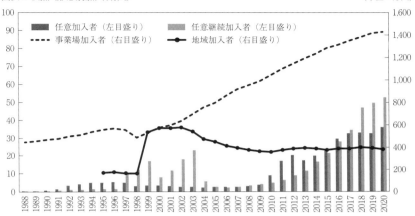

資料：国民年金公団『国民年金統計年報』により筆者作成

4）老齢年金の基本年金額の受給実態

　国民年金法第49条により、年金給付の種類には、老齢年金、障害年金、遺族年金、返還一時金があり、この中で、老齢年金が全体支給額の83.8％（2020年）を占める。無所得の配偶者（主に、専業主婦）は任意加入になっているが、年金加入率が非常に低いため、老齢年金受給額を性別にみると、男性が77.9％、女性は22.1％を占める（「国民年金統計」2020年）。

　老齢年金は、本人の「基本年金額」と「扶養家族年金額」（日本の場合、厚生年金の加給年金）を基礎として算定される。基本年金額は、国民年金加入者全体の平均所得（均等部分）、本人の加入期間、加入期間中の平均所得（所得比例部分）をもとに算定される。年金額が現役世代の手取り収入額に占める割合である「所得代替率」は、40年加入の場合、1988年国民年金施行当時は70％であったが、段階的に引き下げられ、2020年45％、2028年には40％になる見通しである。

　支給開始年齢は、2012年までは60歳であったが、2013年からは5年ごとに1歳ずつ引き上げられ、1953～56年生まれは61歳、1957～60年生まれは62歳、1961～64年生まれは63歳、1965～68年生まれは64歳、1969年生後は65歳（2033年）になる。

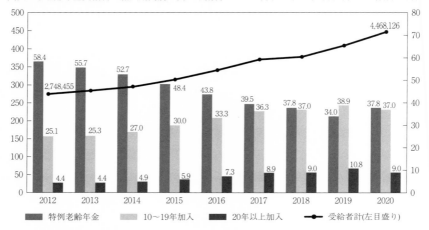

図表3●老齢年金受給者の加入期間別に占める割合 （単位：万人（左目盛り）、％（右目盛り））

出典：国民年金公団『国民年金統計年報』により筆者作成

　老齢年金を受給するための最低加入期間は10年で、加入期間が10年以上20年未満の場合は基本年金額が減額され、加入期間20年以上であれば満額が支給される。国民年金法は1988年から施行しているので、加入期間20年以上の受給権者への老齢年金満額支給は2008年からである。

　韓国では、2013年4月に「高齢者雇用促進法」の改正により、定年制が設定されている企業で、2016年1月から公企業と公共機関、300人以上の事業場を対象に、2017年から中小企業も含めて「60歳定年」を実施している。2022年現在、老齢年金支給は62歳からであるので、60歳で定年を迎える場合、定年退職後2年間は所得のない生活をしなければならない。

　高齢化とともに老齢年金受給者は毎年増加傾向で、2012年には2,748,455人であったが、2020年には4,468,126人で、8年間で約63％増加した〈図表3〉。老齢年金受給者の加入期間別に占める割合の推移をみると（右目盛り）、加入期間10〜19年、20以上の受給者の割合が高まっている。全体受給者の中で加入期間20年以上の受給者が占める割合は、2012年4.4％であったが、2020年9.0％へと高まった。

　特例老齢年金とは、国民年金制度を1988年施行し、加入対象を徐々に拡大する段階で、当時、年齢が高く、加入期間を満たすことが難しい高齢者には、

5年以上加入すれば年金を受けることができるよう設けられた制度である。老齢年金受給者の中で、特例老齢年金受給者が占める割合は2012年58.4％であったが、持続的に減少し、2012年58.4％、2020年37.8％となり、1950年生まれ以降から特例適用対象はなくなる。

図表4 ●国民年金制度（2020年1月改正案基準）　　　　　　　　　　　（支給額：2020年基準）

国民年金の老齢年金（基本年金額と扶養家族年金額）	
加入期間	・10年以上 ・10～20年未満：基本年金額の減額支給 ・20年以上：基本年金額の満額支給
支給開始年齢	・2022年62歳。段階的に高まり、2033年（1969年生まれ）からは65歳
所得代替率	・2018年45％、2028年40％になる見通し（40年加入基準）
支給金額	・基本年金額 ・扶養家族年金額（定額、支給額は毎年変動）：配偶者（年額26万1,760：月21,813ウォン）、19歳未満子供と親（1人当り年額17万4,460：月14,538ウォン）
繰上げ支給	・加入期間10年以上 ・年金受給年齢到達5年前から請求可能（2020年の場合57歳から） ・支給額減額：（老齢年金額×年齢に応じた支給率※）＋扶養家族年金額 　※支給率：受給年齢5年前（70％）、4年前（76％）、3年前（82％）、2年前（88％）、 　　1年前（94％）
年金受給 と在職	（在職者老齢年金減額制度） ・年金受給年齢に達した後、5年以内に所得がある業務に従事する場合 ・所得月額253万9,734ウォン（2021年基準）を超えると、金額に応じて減額支給
繰下げ支給	・加入期間10年以上 ・年金受給開始年齢に達した場合、年金の全額または一部の支給の繰下げ ・繰下げ期間：最大5年間（出生年度に応じて70歳まで） ・繰下げ後の支給額増額：繰下げ1か月ごとに0.6％増額（1年後7.2％、5年後36％増額） ・繰下げ申請回数：回数制限ない（2022年6月以前は1回のみ）
支給日	・毎月末日に支給

資料：「国民年金法」により筆者作成
注：1）2020年1月時点の為替レート（100円≒1,100ウォン）、2）2020年の最低賃金は時間給8,590ウォン。

5）年金繰上げと年金繰下げ

　加入期間10年以上であれば、年金受給開始年齢62歳の5年前である57歳から繰上げ支給が請求できるが、所得が全体加入者平均所得月額（2021年の場合253万9,734ウォン）以上であれば繰上げ支給対象にならない。年金額は繰上げ1年ことに6％減額され、5年繰上げる場合30％減額された年金を生涯受給することになる。

加入期間10年以上で、年金受給開始年齢になり、年金を受給しながら「在職」の場合、「在職者老齢年金減額制度」により、所得月額253万9,734ウォン（2021年基準）を超えると、金額に応じて減額支給される。例えば、月額報酬が400万ウォンであれば、老齢年金受給額は2万3,000ウォン減額される。

　従って、年金受給開始年齢に達した後、在職による収入が多い場合は、年金受給を繰り下げることが有利である。年金受給開始年齢に達した場合、最大5年間（出生年度に応じて70歳まで）年金額の全部、あるいは一部（50〜90％、10％単位）の受給を繰り下げることができる。繰下げ1か月ごとに0.6％が増額され、1年繰下げは7.2％、最大5年繰下げの場合36％増額される。年金繰下げ申請は1回のみであったが、2022年6月からは繰下げ申請回収の制限がなくなり、最大5年間は何回でもできるようになった。

4. 社会保険の加入条件と加入実態

　賃金雇用者の場合、国民年金、健康保険、雇用保険の保険料の一部を負担しなければならない（労災保険は使用者が保険料負担）。賃金雇用者の75.2％が雇用保険に加入しており、69.4％が国民年金、77.0％が健康保険に加入している〈図表5〉。

図表5●賃金雇用者対象の社会保険の加入条件と保険料（保険料率は報酬月額が対象）（2022年基準）

	雇用保険	国民年金事業場加入者（18〜59歳）	健康保険事業場加入者	老人長期療養保険
対象	・労働者1人以上の事業所			
加入条件	・労働時間月60時間以上（週15時間以上）・雇用期間1か月以上			
保険料率	・失業給付：1.8％労使折半（労働者0.9％） ・雇用安定・職業能力開発事業：事業主負担	・9％労使折半（労働者4.5％）	・6.99％労使折半（労働者3.495％） ・公務員：加入者と政府の折半 ・私学従事者：加入者5割、使用者3割、政府2割	・健康保険料×長期療養保険料12.27％労使折半
加入率（2021年）	・雇用者計：75.2％ ・正規職 ：90.9％ ・非正規職：52.6％	・雇用者計：69.4％ ・正規職 ：88.8％ ・非正規職：38.4％	・雇用者計：77.0％ ・正規職 ：93.6％ ・非正規職：50.3％	

出典：各機関のHP、統計庁「経済活動人口調査付加調査」（2021年8月）により筆者作成

賃金雇用者を正規職と非正規職に分けてみると、正規職は約9割が社会保険に加入しているが、非正規職の加入率は約4〜5割で、2人に1人が加入している（2021年基準）。

5. 基礎年金

　国民年金は社会保険で、老齢年金の「基本年金」を受給するためには、最低10年以上の保険料納付が必要である。一方、「基礎年金」は、高齢者の最低生活を保障するため、政府と地方自治団体が租税を財源にして行う無償の基礎生活保障給付である。

　韓国での一般国民対象の国民年金制度は1988年から施行され、国民皆年金時代になったのは1999年からである。2020年、65歳人口の中には国民年金を受給（老齢年金、遺族年金、障害年金受給者を含む）している高齢者は45.2％で、高齢者人口の2人に1人である（性別では男性60.1％、女性33.8％）（「国民年金統計」2020年）。

　65歳以上人口の半分は年金収入がないことから、65歳以上人口の雇用率は34.1％でOECD諸国の中では最も高く（2021年OECD統計）、OECD平均14.7％の約2倍である（日本の高齢者雇用率は25.1％）。高齢者の雇用率が高いのは高齢者の貧困率が高いためである。韓国の65歳以上高齢者の相対的貧困率は46.7％でOECD諸国の中で最も高く、OECD平均の3倍である（2021年OECD統計）。

　公的年金制度から排除された高齢者の最小限の老後生活を保障するため、公的扶助として、2008年「基礎老齢年金制度」を導入し、65歳以上の高齢者の中で所得と財産が少ない低所得高齢者に毎月「基礎老齢年金」を支給した（年金所得がある高齢者は対象外）。2014年5月に基礎年金法が制定され、基礎老齢年金制度は「基礎年金制度」に置き換えられ、2014年7月から施行している。

　基礎年金の受給対象は（2022年基準）、①韓国国籍で国内に居住する65歳以上人口、②所得水準下位70％（65歳以上高齢者の10人に7人）、③本人と配偶者の所得認定月額が180万ウォン未満（単身世帯）または288万ウォン未満（夫婦世帯）（所得と財産の合計を一定額で換算して決定。単身世帯は本人所得、夫婦世帯は夫婦の所得のみ対象。子供等の扶養義務者の所得・財産は関係ない）、

の三つの条件を満たす高齢者である。支給金額の月上限額は、単身世帯は月30万ウォン、夫婦世帯は月48万ウォンである。

　申請期間は65歳誕生日1か月前で、65歳誕生日の月から支給する。国民年金受給者の場合、支給基準(所得認定額等)を満たし、申請例外事項の対象外であれば基礎年金の受給対象となる。ただし、国民年金の受給額に応じて基礎年金額は減額される。

　申請対象外は、①特殊職域年金(公務員年金、軍人年金、私学年金、別定郵便局年金)受給者、②年間60日以上の海外滞在者、③4,000万ウォン以上の高級乗用車保有者、④ゴルフ等高価会員権保有者、等である。

図表6　国民年金と基礎年金の違い（2022年基準）

	国民年金(社会保険制度)	基礎年金(基礎生活保障制度)
法律	・国民年金法	・基礎年金法
受給要件	・加入期間10年以上 ・受給開始年齢到達(2022年62歳)	・満65歳以上・韓国国籍・国内居住 ・所得水準下位70% ・所得認定月額：単身世帯180万ウォン未満・夫婦世帯288万ウォン未満
月給付額	・加入期間、加入時期、加入期間中の所得月額による	・単身世帯：月上限30万ウォン ・夫婦世帯：月上限48万ウォン
財源	・国民年金基金(保険料と運用収益等)	・租税(国費と地方費)
本人負担	・所得月額の9%を労使折半	・無償
減額	・なし	・国民年金の老齢年金受給者の場合、受給額に応じて「減額あり」
課税	・課税	・非課税

出典：筆者作成

[資料] 現代韓国の政治・経済・社会年表

信信託統治期間（1945年9月9日〜1948年8月大韓民国政府樹立まで）		
1945年	8.15	日本の植民地支配から解放。朝鮮半島は38度線を基準に米ソによって分割占領
	9.7	アメリカ合衆国極東軍司令部が軍政を布くことを宣言（9.8 米軍仁川上陸）
	10.9	「ハングルの日」制定
1946年	3.5	北朝鮮、「土地改革法令」発表
1948年	4.3	済州島で南朝鮮労働党の総選挙反対デモ（4・3事件）
	5.10	第1回国会議員総選挙（李承晩：国会議長になる）
	7.17	大韓民国憲法（7.12制定）及び政府組織法公布
	7.20	第1代大統領選挙（李承晩：初代大統領）
李承晩（イ・スンマン）大統領（1948年7月24日〜1960年4月27日）		
1948年	7.24	李承晩、第1代大統領に就任
	8.15	大韓民国政府樹立宣言
	9.9	朝鮮民主主義人民共和国樹立宣言（主席：金日成）
	10.9	ハングル専用に関する法律施行
	10.20	麗水（ヨス）・順天（スンチョン）事件（〜27日）
	12.12	国連、大韓民国を唯一の合法政府として承認
1949年	1.1	アメリカ政府、大韓民国を正式承認
	6.21	農地改革法公布
	6.26	金九（キム・グ）暗殺（日本植民地期間の臨時政府主席。初めての国民葬）
	7.4	「地方自治法」制定・公布
	12.6	最初の徴兵検査実施
1950年	1.26	韓・米相互防衛援助協定調印
	6.12	韓国銀行発足
	6.25	朝鮮戦争（韓国戦争）勃発
	6.28	北朝鮮の朝鮮人民軍、ソウルを占領
	7.14	マッカーサー国連軍総司令官に韓国軍作戦指揮権を委任
	9.15	国連軍、仁川上陸
	9.28	国連軍、ソウルを奪回しソウル修復記念式
	10.1	東部戦線韓国軍38度線通過（10月1日を「国軍の日」に定める）
	10.25	中国軍、朝鮮戦争に介入
	12.4	国連軍、平壌（ピョンヤン）撤収
	12.24	国連軍、興南（フンナム）撤収
1951年	1.4	中国軍と朝鮮人民軍、ソウルを再占領（1・4後退）
	3.14	国連軍、ソウルを再奪回
1952年	1.8	「李承晩ライン」宣言
	7.4	第1次憲法改正（大統領直接選挙実施）

	8.5	第2代大統領選挙(大統領：李承晩、2期目)
1953年	5.10	「勤労基準法」公布
	7.27	板門店(パンムンジョム)で朝鮮戦争停戦協定
	10.1	韓米相互防衛条約調印→1954年11月17日発効
1954年	11.29	第2次憲法改正(四捨五入改憲)
1956年	2.11	韓国証券取引所設立(上場株式は12社13銘柄)
	5.15	第3代大統領・副大統領選挙(大統領：李承晩、3期目)
1958年	4月	金浦(ギムポ)国際空港開港(1971年に国内線庁舎竣工)
1960年	3.15	大統領・副大統領選挙(大統領：李承晩)、馬山で3・15不正選挙糾弾デモ
	4.19	不正選挙を糾弾するデモが全国に拡大。警官隊の発砲で死者多数(4・19革命)
	4.27	李承晩退陣、ハワイへ亡命
	4.28	許政(ホ・ジョン)の過渡政府出帆
	6.15	第3次憲法改正(第2共和国憲法、内閣責任制改憲案公布)
	8.12	国会、第4代大統領選出(大統領：尹潽善)
尹潽善(ユン・ボソン)大統領(1960年8月12日～1962年3月22日)		
1960年	8.13	尹潽善、第4代大統領に就任
	8.19	張勉(チャン・ミョン)内閣成立(国務総理：張勉)
	11.29	第4次憲法改正(3・15不正選挙関連者を処罰するための改憲)
	12.1	韓日定期海上航路(釜山－博多)
1961年	5.16	5・16軍事クーデター、全国に非常戒厳令を公布 軍事革命委員会設置(議長：張都暎、副議長：朴正煕)
	5.20	革命内閣構成
	7.2	軍事革命委員会を国家再建最高会議に改称(議長：朴正煕)
	8.12	朴正煕最高会議議長の8・12声明(1963年夏に民政に政権を移譲する)
1962年	1.1	共用年号を太陽暦へ変更
	1.13	第1次経済開発5か年計画確定(1962～1966年)
	2.3	蔚山(ウルサン)工業地区建設起工式
	3.22	尹潽善大統領辞任
朴正煕(パク・チョンヒ)大統領権限代行(1962年3月24日～1963年12月16日)		
1962年	3.24	朴正煕国家再建最高会議議長、大統領職権限代行として政治活動再開談話文発表
	6.10	通貨改革実施、通貨単位を「ファン(圜)」から「ウォン(₩)」に変更
	12.26	第5次憲法改正(第3共和国憲法、大統領直選制)
1963年	10.15	第5代大統領選挙(大統領：朴正煕)
	12.7	朴正煕大統領、西ドイツを訪問
朴正煕(パク・チョンヒ)大統領(1963年12月17日～1979年10月26日)		
1963年	12.17	朴正煕、第5代大統領に就任
1964年	6.3	韓日会談に反対する大規模デモ(6・3事態)
	10.31	韓国と南ベトナムとの派兵協定締結(1965～1973年まで派兵)

1965年	6.22	韓日基本条約調印(略称:韓日協定)
1966年	7.9	韓米行政協定調印(SOFA)
	7.29	第2次経済開発計画5か年計画公布(1967 ～ 1971年)
1967年	5.3	第6代大統領選挙(大統領:朴正熙、2期目)
1968年	1.21	北朝鮮のゲリラによる青瓦台襲撃未遂(金新朝事件、または1・21事態)
	4.1	1月に発生した青瓦台襲撃未遂事件を教訓に「郷土予備軍」創設→ 2016年11月30日から「予備軍」に名称変更
	5.20	釜山市電(1910年11月から営業)全廃
	11.21	住民登録制実施
	11.30	ソウル市電(1899年4月から営業)全廃
	12.5	国民教育憲章発表
	12.21	京仁(ソウル－仁川)高速道路開通(韓国初の高速道路)
1969年	10.21	第6次憲法改正(3選改憲)
1970年	4.22	セマウル運動実施
	5.1	朝鮮王朝最後の皇太子である李垠(イ・ウン)死去(配偶者は方子女王、梨本宮家)
	7.1	郵便番号制度実施
	7.7	京釜高速道路(ソウル－釜山)の全線開通
	8.15	朴正熙大統領、光復節の演説で初めて北朝鮮政権の存在を認める(8・15宣言)
1971年	3.19	釜山広域市の古里(ゴリ)で国内初の原子力発電所起工
	3.31	ソウル・釜山間の長距離自動電話開通
	4.27	第7代大統領選挙(大統領:朴正熙、3期目)
	8.15	ニクソン米大統領の金とアメリカ・ドルの兌換停止宣言(ニクソン・ショック、ブレトン・ウッズ体制の終結)
	8.23	実尾島(シルミド)事件(北朝鮮への派遣のために編制された特殊部隊兵士らの反乱)
	12.27	「国家保安法」可決
1972年	7.4	南北共同声明発表(北朝鮮と同時発表。朝鮮半島の南北対話に関する宣言文)
	8.1	短期金融業法、相互信用金庫法、信用協同組合法、企業公開促進法可決
	8.3	私債凍結措置
	8.30	平壌で第1回南北赤十字会談
	10.27	非常戒厳令宣布(憲法の一部条項の効力を停止、国会の解散、政治活動禁止)
	12.23	統一主体国民会議、第8代大統領として朴正熙を選出(4期目)
	12.27	第7次憲法改正(維新改憲、第4共和国憲法)
1973年	1.5	企業公開促進法施行
	3.3	韓国放送公社(KBS)発足
	8.8	金大中拉致事件
1974年	8.15	大統領狙撃事件(文世光事件、陸英修大統領夫人暗殺) ソウル市地下鉄開通(ソウル駅－清涼里駅、現・ソウル地下鉄1号線)
1975年	5.13	大統領緊急措置第9号宣布、反政府活動全面禁止

	9.1	汝矣島（ヨイド）の新国会議事堂竣工
	9.22	民防衛隊発足式（40歳までの男子に適用、戦時は45歳まで）
1976年	8.18	板門店ポプラ事件（北朝鮮軍、アメリカ兵2名殺害）
1977年	1.1	付加価値税（特別消費税）施行
	4.26	首都圏交通総合対策樹立
	6.19	原子力発電所1号機点火
	12.22	輸出100億ドル達成記念式
1978年	7.6	統一主体国民会議、第9代大統領として朴正煕を選出（5期目）
1979年	10.15	釜山・馬山で反政府デモスタート（釜馬民主抗争）
	10.26	朴正煕大統領、金載圭（キム・ジェギュ）中央情報部長に射殺される（10・26事件）
崔圭夏（チェ・ギュハ）国務総理、大統領権限代行（1979年10月26日〜1979年12月6日）		
1979年	10.26	国務総理の崔圭夏、大統領権限代行就任
	10.27	済州道を除く全土に非常戒厳令
	12.6	統一主体国民会議、第10代大統領として崔圭夏を選出
	12.12	粛軍クーデター、全斗煥保安司令官など新軍部が韓国軍の実権を掌握（12・12粛軍クーデター）
崔圭夏（チェ・ギュハ）大統領（1979年12月21日〜1980年8月16日）		
1979年	12.21	崔圭夏、第10代大統領に就任
1980年	4.14	全斗煥戒厳保安司令官を中央情報部長代理に任命
	4.21	江原道舎北邑の東原炭鉱の労働組合員3,000名がストライキ（舎北事態）
	5.17	新軍部、非常戒厳令を全国に拡大（5・17非常戒厳令拡大措置）
	5.18	戒厳軍、光州で武装した学生・市民と衝突（〜27日、5・18光州民主化運動）
	8.1	戒厳司令部、金大中など24名を内乱陰謀罪で軍法会議に起訴したことを発表
	8.16	崔圭夏大統領辞任
	8.27	統一主体国民会議、第11代大統領として全斗煥を選出
全斗煥（チョン・ドゥファン）大統領（1980年9月1日〜1988年2月24日）		
1980年	9.1	全斗煥、第11代大統領に就任
	9.5	大学教育改革案発表（学科別最少卒業定員制導入）→1988年廃止
	10.27	第8次憲法改正（第5共和国憲法）
	11.17	言論統廃合措置の一環として、マスメディア業界の再編実施：東洋放送（TBC）と東亜放送（DBS）は韓国放送公社（KBS）に、新亜日報は京郷新聞に、ソウル経済は韓国日報にそれぞれ吸収
	11.28	韓日間の海底ケーブル設置（通信回線は5倍となる）
1981年	2.11	大統領選挙人団、第12代大統領として全斗煥を選出
	9.30	第84次IOC総会、第24次夏季オリンピック競技大会のソウル開催決定
1982年	1.1	中高生の制服と髪型の自由化発表（1983年から実施）
	1.5	夜間通行禁止令全面解除
	3.18	釜山の米文化院に反米学生らによる放火（釜山米文化院放火事件）
	5.7	1,400億ウォン相当の手形詐欺で張玲子（チャン・ヨンジャ）逮捕（李・張事件）

1983年	1.1	観光目的海外旅行の部分的自由化(50歳以上の国民で、200万ウォンを1年間預ける条件で、年1回有効な観光パスポート発行)
	1.11	中曽根康弘首相、現職首相として初めて韓国訪問
	6.30	KBSの韓国国内での離散家族探し(〜11月14日まで)(138日453時間45分の生放送。2015年10月UNESCO世界記憶遺産登載)
	9.1	大韓航空機撃墜事件(ソビエト連邦領空への航路逸脱が原因で、ソ連防空軍の戦闘機により撃墜された事件、269人全員死亡)
	10.9	ラングーン事件(北朝鮮の工作員により、ビルマを訪問中であった全斗煥大統領一行の暗殺を狙った事件、政府官僚17人死亡)
1984年	9.6	全斗煥大統領、韓国元首として初めて日本を公式訪問
	11.15	板門店で第1回南北経済会議
1985年	7.19	釜山地下鉄1号線開通
	9.20	南北離散家族故郷訪問団及び芸術公演団、ソウルと平壌を相互訪問
	9.21	ソウルと平壌で南北離散家族が40年ぶりに初めて再会
1986年	8.2	朝鮮総督府建物を改造して国立中央博物館として開館
	9.20	第10回アジア競技大会のソウル開催、中国代表団参加
1987年	1.14	ソウル大学学生である朴鍾哲が治安本部の取り調べ中に拷問により死亡
	4.13	全斗煥大統領、改憲論議中止と現行憲法による大統領選挙(間接選挙)実施を発表(4・13護憲措置)
	6.9	延世大学学生である李韓烈、デモ中に武装警察部隊が発射した催涙弾の直撃を受け重体となる(7月5日死亡)
	6.10	学生拷問致死事件の糾弾と改憲を求める反政府デモ拡大(6・10民主抗争)
	6.29	大統領候補盧泰愚の「民主化宣言」(大統領直接選挙制改憲、金大中氏の赦免・復権など)
	8.29	京畿道龍仁郡で新興宗教団体の32名集団遺体発見((株)五大洋集団死事件)
	10.29	第9次憲法改正(第6共和国憲法:大統領直接選挙制、5年単任制確定)
	11.29	大韓航空機爆破事件(北朝鮮の工作員による飛行中に爆破テロ事件)
	12.3	中部高速道路開通(ソウル−大田)
	12.16	第13代大統領選挙(16年ぶりの大統領直接選挙)(大統領:盧泰愚)
1988年	1.1	国民年金制度(10人以上事業所対象)と最低賃金制度施行
盧泰愚(ノ・テウ)大統領(1988年2月25日〜1993年2月24日)		
1988年	2.25	盧泰愚、第13代大統領に就任
	3.1	北方外交推進を表明
	9.17	第24回夏季ソウル・オリンピック開催(〜10月2日)
1989年	1.1	海外旅行の完全自由化実施
	3.25	文益煥(ムン・イクファン)牧師、北朝鮮訪問(帰国後、逮捕)
	7.12	ソウル市内にロッテ・ワールドオープン
1990年	9.30	ソ連と国交樹立

1991年	3.26	地方自治制の再実施により、基礎自治議会の議員選挙実施(1961年の軍事クーデター以降、停止されていた)。6月20日には広域市議会の議員選挙実施。
	4.19	ゴルバチョフソ連大統領、国家元首としては初めて韓国訪問
	9.18	韓国、北朝鮮と国連に同時加盟
1992年	6.30	京釜高速鉄道(KTX)起工式(2004年開通)
	8.24	中国との外交関係樹立(台湾とは断交)
	12.18	第14代大統領選挙(大統領:金泳三)
	12.22	ベトナムとの外交関係樹立
金泳三(キム・ヨンサム)大統領(1993年2月25日〜1998年2月24日)		
1993年	2.25	金泳三、第14代大統領に就任
	8.6	大田でエキスポ93 (太田世界博覧会)開催(108か国参加)
	8.11	公職倫理法改正(公職者財産登録制導入)
	8.12	金融実名制実施
1994年	7.8	北朝鮮の金日成(キム・イルソン)主席死亡
	10.21	ソウル市の聖水(ソンス)大橋の崩落事故
	12.5	外国為替改革案発表(個人の外貨保有自由化)
	12.16	世界貿易機関(WTO)加入同意案、国会で可決
1995年	6.27	第1回全国同時地方選挙実施(完全な地方自治制度実施)
	6.29	ソウル市の三豊(サムプン)百貨店崩壊(502人死亡、937人負傷)
	8.15	韓国最初の放送通信衛星「ムクゲ衛星1号」打ち上げ成功
	8.15	朝鮮総督府建物撤去開始(1996年11月13日撤去完了)
	10.27	輸出1,000億ドル達成
	11.9	韓国、1回目の国連(UN)安全保障理事会非常任理事国選出(1996〜1997年)
	11.16	盧泰愚前大統領、収賄容疑で拘束収監
	12.3	全斗煥前大統領、12・12粛軍クーデター及び5・18光州事件関連で拘束
	12.6	仏国寺、八万大蔵経、宗廟が世界文化遺産として登録
1996年	5.31	2002年サッカー・ワールドカップ、韓日共同開催決定
	10.1	『朝鮮王朝実録』『訓民正音(解例本)』が世界記憶遺産に登録
	12.12	経済協力開発機構(OECD)に加盟(29番目加盟国)
1997年	6.16	「金融監督委員会」新設
	11.21	国際通貨基金(IMF)救済金融を公式要請
	12.18	第15代大統領選挙(大統領:金大中)(初めて選挙による与野党の政権交代実現)
金大中(キム・デジュン)大統領(1998年2月25日〜2003年2月24日)		
1998年	2.25	金大中、第15代大統領に就任
	6.4	第2回全国同時地方選挙実施
	6.16	現代グループ鄭周永(ジョン・ジュヨン)名誉会長、牛500頭と北朝鮮を陸路訪問
	7.1	公企業民営化法案発表

	10.8	金大中大統領と小渕恵三首相との「韓日共同宣言」(21世紀に向けた新たな日韓パートナーシップ)
	10.20	日本文化開放宣言
	11.18	金剛山(クムガンサン)観光スタート
1999年	4.1	「国民年金制度」皆年金制度実施
	10.16	仁川地下鉄開通
2000年	3.10	訪欧中の金大中大統領「ベルリン宣言」発表(南北対話の進展方針を明らかに)
	3.19	アジア太平洋経済協力会議(APEC)ソウルフォーラム開催
	6.13	金大中大統領、平壌訪問。北朝鮮の金正日国防委員長と南北首脳会談(〜6.15まで)
	8.15	第1回南北離散家族相互訪問。南北100人ずつがソウルと平壌を訪問
	8.22	現代峨山(株)と北朝鮮との「開城工業団地」合意
	8.24	韓国政府、南北自由往来に備え京義線鉄道・道路建設計画発表
	9.15	2000年シドニー・オリンピック、南北選手団同時入場
	10.1	「国民基礎生活保障法」施行
	12.10	金大中大統領、ノーベル平和賞受賞
2001年	1.19	中央行政組織に「女性部」新設→2022年7月、尹錫悦政府による廃止検討
	3.21	現代財閥創業者鄭周永死去
	3.29	仁川国際空港開港
	8.23	IMF救済金融195億ドル全額返済
	10.26	SBS TV、アジア初のデジタル地上波放送開始
	11.5	KBS、EBSが地上波デジタル放送開始
2002年	5.31	2002FIFAワールドカップ・韓日共同開催(〜6月30日)
	6.13	第3回全国同時地方選挙実施。ソウル市の市長に李明博当選
	9.29	第14回釜山アジア競技大会(〜10月14日)
	12.19	第16代大統領選挙(大統領:盧武鉉)
2003年	2.18	大邱地下鉄1号線、自殺願望男性による放火事件(192名死亡、148名負傷)
盧武鉉(ノ・ムヒョン)大統領(2003年2月25日〜2008年2月24日)		
2003年	2.25	盧武鉉、第16代大統領に就任
	6.6	盧武鉉大統領訪日(〜7日)。小泉純一郎首相と首脳会談
2004年	1.19	少子高齢化社会に備えた国家実践戦略発表
	3.12	盧武鉉大統領の弾劾訴追が国会で可決
	4.1	高速鉄道KTX運行開始(最高速度は305km/h)
	5.14	憲法裁判所、盧武鉉大統領弾劾訴追を棄却
	7.1	週休二日制導入
	10.21	憲法裁判所、「行政首都移転法」を違憲と判断
2005年	2.3	憲法裁判所、戸主制は違憲と判断
	10.1	ソウル市、清渓川(チョンゲチョン)復元し公園にする(経済成長期に清渓川の水質汚濁が悪化したため、1971年に暗渠化し、清渓高架道路を造った)

	11.18	第13回 APEC 首脳会議、釜山で開催（～ 19日まで）
2006年	4.19	韓明淑、女性初の国務総理（首相）に就任（～ 2007年3月）
	8.24	在韓アメリカ軍竜山基地の移転と公園化宣布
2007年	5.17	南北間の京義線・東海（ドンヘ）線列車運行開始
	10.2	盧武鉉大統領、北朝鮮の金正日国防委員長と南北首脳会談（～ 10月4日）
	12.9	第17代大統領選挙（大統領：李明博）
	12.31	1人当たり国民所得2万ドル達成
李明博（イ・ミョンバク）大統領（2008年2月25日～ 2013年2月24日）		
2008年	2.25	李明博、第17代大統領に就任
	5.1	国立博物館・美術館の入場無料実施
	7.11	金剛山観光全面中止（金剛山観光客被殺事件により）
	9.4	POSCO、世界最大規模の年間発電量50メガワットの燃料電池工場を稼働
	10.16	東洋建設工業、新安に世界最大規模の太陽光発電所（発電容量24メガワット）の建設を発表
	12.15	4大江開発事業発表（漢江、洛東江、錦江、栄山江）
2009年	3.3	公正取引法改正（出資総額制限制度廃止）
	5.23	盧武鉉前大統領、自宅裏山で投身自殺
	6.26	「朝鮮王陵」ユネスコ世界文化遺産に登録
	8.18	金大中前大統領、肺炎により死亡
	10.16	仁川大橋開通（国内最長、18.38km）
	11.25	OECD 開発援助委員会（DAC）加入決定（24番目会員国）
2010年	3.26	韓国海軍「天安艦」が北朝鮮軍の魚雷攻撃で沈没（戦死46人）
	6.2	第5回全国同時地方選挙実施
	7.31	韓国の歴史村「河回村」と「良洞村」ユネスコ世界文化遺産に登録
	11.11	第5回 G20 サミット、ソウルで開催（～ 11月12日）
	12.27	「世宗特別自治市」設置に関する特別法公布
2011年	7.6	平昌（ピョンチャン）、2018年冬季五輪の開催地に選定
	7.29	「道路名住所」告示
	12.5	韓国の年間貿易規模1兆ドル突破（世界で9番目）
	12.17	北朝鮮の金正日（キム・ジョンイル）死亡
2012年	1.17	大型ディスカウントストアの義務休業制度導入→2022年7月廃止検討
	4.11	第19代国会議員総選挙
	5.11	麗水（ヨス）世界博覧会開催（～ 8月12日）
	6.23	韓国の人口5千万人を超える
	7.15	PSY「江南スタイル」アルバム発売、世界的スターになる
	8.10	李明博大統領、現職大統領としては初めて独島（日本での呼称：竹島）訪問
	10.19	韓国、2回目の国連（UN）安全保障理事会非常任理事国選出（2013 ～ 2014年）

	12.19	第18代大統領選挙(大統領：朴槿恵)
	12.26	ソウル「大韓民国歴史博物館」開館
	12.31	地上波アナログTV放送終了、デジタル放送時間開始

<table>
<tr><td colspan="3" align="center">朴槿恵(パク・クンヘ)大統領(2013年2月25日～2017年3月10日)</td></tr>
</table>

2013年	2.25	朴槿恵、第18代大統領に就任
2014年	1.1	「道路名住所」実施(番地住所は1918年日本植民地期に導入された)
	2.20	金剛山で南北離散家族再会(～25日まで)
	2.25	経済革新3か年計画発表
	4.16	全羅南道・珍島沖で旅客船「セウォル号」沈没事故(乗客476人中、304人死亡)
	6.4	第6回全国同時地方選挙実施
	7.25	65歳高齢者対象の「基礎年金」実施
2015年	2.26	憲法裁判所「姦通制」は違憲→2016年1月1日、刑法改正により姦通制廃止
	5.20	国内で初の中東呼吸器症候群(MER患者)発生
	12.28	韓日政府、慰安婦問題合意
2016年	2.10	韓国政府、開城工団稼働全面中断決定
	2.26	済州・米海軍基地完工
	4.13	第20代国会議員総選挙(16年ぶりの与小野大国会)
	9.27	「不正請託及び金品等の収受禁止に関する法律」(呼称：キム・ヨンラン法)施行(公職者、公務員、政府関連機関・公共機関の職員、教職員、大学病院とマスコミ関係者が対象)
	11.22	金泳三前大統領、敗血症で死亡
	12.9	高速列車SRT（Super Rapid Train)運行開始
	12.9	国会で朴槿恵大統領弾劾訴追案の可決(300人のうち賛成234人)
2017年	3.10	憲法裁判所、朴槿恵大統領の罷免決定
	4.3	ロッテワールドタワーオープン(123階、高さは555m、韓国での最高層ビル)
	5.9	第19代大統領選挙(大統領：文在寅)

<table>
<tr><td colspan="3" align="center">文在寅(ムン・ゼイン)大統領(2017年5月10日～2022年5月9日)</td></tr>
</table>

2017年	5.10	文在寅、第19代大統領に就任
2018年	2.9	平昌冬季五輪(～25日)（アジアでは日本の札幌(1972年)・長野(1998年)に続く3回目の冬季五輪
	4.27	文在寅大統領と北朝鮮の金正恩国務委員長、板門店南側地域の「平和の家」で第1次南北首脳会談
	5.26	文在寅大統領と北朝鮮の金正恩国務委員長、板門店北側地域の「統一閣」で第2次南北首脳会談
	6.13	第7回全国同時地方選挙実施
	9.18	文在寅大統領と北朝鮮の金正恩国務委員長、北朝鮮の平壌で第3次南北首脳会談
	11.22	非武装地帯(DMZ)の南北間の軍事道路連結(65年ぶり)
	12.01	世界初の第5世代(5G)移動通信システム導入

2019年	4.1	週52時間労働施行(300人以上事業場対象)→2020年1月1日から50人以上→2021年7月1日から5人以上事業場対象
	5.29	ハンガリーのブダペストのドナウ川で遊覧船沈没により、韓国人乗客25人死亡
	6.30	ドナルド・トランプ米大統領・北朝鮮の金正恩国務委員長・文在寅大統領の板門店の「自由の家」で南・北・米間の初めての3者会合
	7.1	日本政府、韓国への半導体材料の輸出規制強化を発表
2020年	1.20	国内で初のCOVID-19感染者発生
	2.9	ポン・ジュノ監督の『パラサイト 半地下の家族』、第92回アカデミー賞授賞式で作品賞、監督賞、脚本賞、国際長編映画賞の4部門受賞
	4.15	第21代国会議員総選挙(与党の圧勝)
	6.16	北朝鮮、開城の南北共同連絡事務所を爆破
2021年	10.26	盧泰愚前大統領死亡(89歳)
	11.23	全斗煥前大統領死亡(90歳)
	12.31	朴槿恵前大統領、特別赦免
	12.31	「公職選挙法」改正、被選挙権18歳以上
2022年	1.11	「政党法」改正、政党加入年齢16歳以上
	2.24	ロシアのウクライナ侵攻開始
	3.9	第20代大統領選挙(大統領：尹錫悦)
尹錫悦(ユン・ソクヨル)大統領(2022年5月10日〜2027年5月9日)		
2022年	5.10	尹錫悦、第20代大統領に就任。大統領執務室を青瓦台から龍山(ヨンサン)の国防省庁舎に移転
	5.26	1948年から大統領の官邸と執務室であった「青瓦台(チョンワデ)」を一般に無料公開→5月26日から本館室内も公開
	6.1	第8回全国同時地方選挙実施

索　　引

【著者紹介】

裵 海善（ベ・ヘション）

韓国生まれ。名古屋大学経済学博士（日本文部省奨学金留学生）。名古屋大学
経済学部助手。韓国学術振興財団研究支援により釜山大学校にて博士研究員
（PD）・専任研究員・研究教授。ドイツ・ルール大学ボーフムにて客員研究員。
現在、筑紫女学園大学文学部アジア文化学科教授。
〔主な著書〕
『現代日本経済』（進英社、ソウル、2001年）、『韓国の少子化と女性雇用—高
齢化・男女格差社会に対応する人口・労働政策』（明石書店、2015年）、『韓国
と日本の女性雇用と労働政策—少子高齢化社会への対応を比較する』（明石書
店、2022年）

韓国経済がわかる 20 講【改訂新版】
──援助経済・高度成長・経済危機から経済大国への歩み

2022年9月15日　初版第1刷発行

著　者　　裵　　海　　善
発行者　　大　江　道　雅
発行所　　株式会社　明石書店
〒101-0021 東京都千代田区外神田6-9-5
電　話　03（5818）1171
ＦＡＸ　03（5818）1174
振　替　00100-7-24505
http://www.akashi.co.jp

組版　　朝日メディアインターナショナル株式会社
装丁　　　　　　明石書店デザイン室
印刷・製本　　　モリモト印刷株式会社

（定価はカバーに表示してあります）　　　　　ISBN978-4-7503-5455-2

韓国の
少子化と女性雇用

高齢化・男女格差社会に対応する
人口・労働政策

裵海善 [著]

◎A5判／上製／172頁　◎2,800円

韓国の少子高齢化は日本のそれと比しても激しい勢いで進展している。本書は、韓国政府の人口政策の変遷を辿ると共に、その根本的解決の為の女性労働政策、即ち女性の働きやすい制度、地位向上・雇用増加の為の政策とは何かを掘り下げ、分かりやすく解説する。

《内容構成》

第1部　少子高齢化の実態と原因

第1章　政府の人口政策の変遷
第2章　少子高齢化実態──韓国と日本との比較
第3章　少子化の原因──韓国と日本との比較

第2部　少子化対策

第4章　政府の少子化対策
第5章　地方自治団体の少子化実態と対策
第6章　保育政策と保育所利用実態

第3部　女性雇用と政策

第7章　女性雇用者の雇用実態
第8章　女性雇用政策
第9章　仕事と家庭の両立支援政策
第10章　男女格差と政府の男女平等実現措置

[資料]　韓国の人口データと人口政策年表

〈価格は本体価格です〉

韓国と日本の
女性雇用と労働政策

少子高齢化社会への対応を比較する

裵海善 [著]

◎A5判／上製／232頁　◎2,800円

女性雇用に関する法・制度整備が2000年代に入って少子高齢化の進展を背景に急速に進む韓国の女性労働。その実態、政府の政策、労働市場の状況、関連法の変化を、日本との比較のもとに整理し、最新のデータや政策を豊富に織り込んでまとめる。

〈価格は本体価格です〉